Paleo Köket

Naturlig Mat för Hälsa och Vitalitet

Sofia Andersson

Innehåll

Fyllda kalkonbröstfiléer med pestosås och ruccolasallad 8
Kryddat kalkonbröst med körsbärs-BBQ-sås 10
Kalkonfilé bräserad i vin 12
Panstekt kalkonbröst med gräslök och Scampisås 15
Stuvade kalkonben med grönsaker 17
Örtkalkonköttfärslimpa med karamelliserad lökketchup och en rostad kålskiva 19
turkisk posole 21
Kycklingbensbuljong 23
Grön Harissa lax 26
lax 26
I Haris 26
Kryddade solrosfrön 26
Sallad 26
Grillad lax med marinerad kronärtskockshjärtasallad 29
Snabbstekt chili-salvia lax med grön tomatsalsa 31
lax 31
Grön tomatsalsa 31
Rostad lax och sparris en Papillote med citron-hasselnötspesto 34
Kryddad lax med svamp-äppelsås 36
Sole en Papillote Julienne med grönsaker 39
Ruccola pesto fisktacos med rökig limekräm 41
Bas med mandelskorpa 43
Grillad torsk och zucchini med en kryddig mango-basilikasås 45
Torsk stuvad i Riesling med tomater fyllda med pesto 47
Stekt pistage-koriander-glaserad torsk i sötpotatissmula 49
Rosmarin mandarin torsk med rostad broccoli 51
Curry torsk sallad wraps med inlagd rädisa 53
Stekt kolja med citron och fänkål 55
Pecannötssnaps med remoulad och okra och tomater i Cajun-stil 57
Dragon tonfiskbiffar med avokado-citron Aïlo 59
Randig bastagine 62

Hälleflundra i vitlöksräksås med Soffrito Collard Greens 64
Skaldjur Bouillabaisse 66
Klassisk Räk Ceviche 68
Räk-spenatsallad med kokosskorpa 71
Tropiska räkor och pilgrimsmussla Ceviche 73
Jamaicanska räkor med avokadoolja 75
Scampi räkor med vissen spenat och radicchio 76
Krabbsallad med avokado, grapefrukt och jicama 78
Cajun Lobster Tail Chowder med Dragon Aïlo 80
Musslor stekta med saffran Aïol 82
Palsternackapotatis 82
Saffran Aïoli 82
Musslor 82
Stekt pilgrimsmusslor med rödbetssmak 85
Grillade pilgrimsmusslor med gurka och dillsalsa 88
Stekt pilgrimsmusslor med tomat, olivolja och örtsås 90
Pilgrimsmusslor och sås 90
Sallad 90
Kumminrostad blomkål med fänkål och pärllök 92
Tjock tomat-auberginesås med spaghetti squash 94
Fyllda Portobellosvampar 96
Rostad Radicchio 98
Rostad fänkål med apelsinvinägrett 99
Savoykål i Punjabi-stil 102
Pumpa rostad med kanel 104
Stekt sparris med ett pocherat ägg och pekannötter 105
Crisp coleslaw med rädisa, mango och mynta 107
Rostad kål virvlar med spiskummin och citron 108
Rostad vitkål med apelsin-balsamico kikärter 109
Bräserad kål med krämig dillsås och rostade valnötter 110
Stekt grönkål med rostade sesamfrön 111
Rökt babyback revben med äppel-senap-moppsås 112
Revben 112
Sås   112
Ugn BBQ Fläsk i lantlig stil med färsk ananas 115

Kryddig fläskgulasch 117
Gulasch 117
Kål   117
Italienska korv köttbullar Marinara med skivad fänkål och lök 119
Köttbullar 119
Marinara 119
Fläskfyllda zucchinibåtar med basilika och pinjenötter 121
Curry fläsk och ananas "nudlar" skålar med kokosmjölk och örter 123
Kryddiga grillade fläskkotletter med kryddig gurksallad 125
Zucchini crust pizza med soltorkad tomatpesto, paprika och italiensk korv 127
Rökt citron-koriander lammlår med grillad sparris 130
Lamm Hot Pot 132
Lammgryta med sellerirotnudlar 134
Franska lammkotletter med granatäpple chutney 136
Chutney 136
lammkotletter 136
Chimichurri lammkotletter med friterad radicchio slaw 138
Ansjovis och salvia-gnidade lammkotletter med morots-sötpotatisremoulad 140
Lammkotletter med schalottenlök, mynta och oregano 142
fårkött 142
Sallad 142
Trädgårdsfyllda lammburgare med röd paprika 144
Red Pepper Coulis 144
Hamburgare 144
Dubbla oregano lammkabobs med tzatzikisås 147
Lammkabobs 147
Tzatzikisås 147
Ugnsstekt kyckling med saffran och citron 149
Spatchcocked kyckling med jicama slaw 151
Kyckling 151
Kålsallad 151
Ugnsstekt kyckling med vodka, morot och tomatsås 154
Poulet Rôti och Rutabaga Frites 156
Triple-Mushroom Coq au Vin med gräslökspuré i Rutabaga 158
Peach Brandy glaserade trumpinnar 160

Persika brandy frosting 160
Chilimarinerad kyckling med mango-melonsallad 162
Kyckling 162
Sallad 162
Tandoori kycklinglår med gurkremsor 165
Kyckling 165
Gurka rand 165
Currykycklinggryta med grönsaker, sparris och grönt äpple-mintsmak 167
Grillad kyckling Paillard sallad med hallon, rödbetor och rostad mandel 169
Kycklingbröst fyllda med broccoli rabe med färsk tomatsås och Caesarsallad 171
Grillad kyckling Shawarma wraps med kryddiga grönsaker och pinjenötssås 173
Ugnsbräserat kycklingbröst med svamp, blomkål och pressad vitlök och rostad sparris 175
Thailändsk kycklingsoppa 177
Citron-salvia rostad kyckling med endive 179
Kyckling med lök, vattenkrasse och rädisor 182
Kyckling Tikka Masala 184
Ras el Hanout kycklinglår 187
Star Fruit Adobo kycklinglår på bräserad spenat 189
Kyckling Poblano Kål Tacos med Chipotle Mayo 191
Kycklinggryta med morot och Bok Choy 193
Cashew-apelsin kyckling och paprika i blandade salladswraps 195
Vietnamesisk kokos citrongräskyckling 197
Grillad kyckling och äpple escarole sallad 200
Toskansk kycklingsoppa med strimlor av grönkål 202
Kyckling Larb 204
Kycklingburgare med Szechwan cashewsås 206
Szechwan cashewsås 206
Kalkon kyckling wraps 208
Spanska Cornish höns 210
Pistagestekta Cornish höns med rucola, aprikos och fänkålssallad 212

FYLLDA KALKONBRÖSTFILÉER MED PESTOSÅS OCH RUCCOLASALLAD

FÖRBEREDELSE: 30 minuter Rostning: 1 timme 30 minuter Stående: 20 minuter
Tillagning: 6 portioner

DET ÄR FÖR ÄLSKARE AV VITT KÖTTDÄR - KALKONBRÖST MED KRISPIG SKORPA, FYLLD MED SOLTORKADE TOMATER, BASILIKA OCH MEDELHAVSKRYDDOR. RESTER BLIR EN FANTASTISK LUNCH.

1 dl soltorkade tomater (ej oljeförpackade)
1 4 pund benfritt kalkonbröst med skinn på
3 teskedar medelhavskrydda (se recept)
1 kopp löst packade färska basilikablad
1 matsked olivolja
8 uns baby ruccola
3 stora tomater, halverade och skivade
¼ kopp olivolja
2 matskedar rödvinsvinäger
Svartpeppar
1½ dl basilikapesto (se recept)

1. Värm ugnen till 375°F. I en liten skål, häll tillräckligt med kokande vatten över de soltorkade tomaterna för att täcka dem. Låt stå i 5 minuter; låt rinna av och hacka fint.

2. Lägg kalkonbröstet med skinnsidan nedåt på en stor bit plastfolie. Lägg ytterligare ett lager plastfolie över kalkonen. Använd den platta sidan av en köttklubba och slå försiktigt bringan till en tjocklek av cirka ¾ tum. Kassera plastfolien. Strö 1½ tesked medelhavskrydda över köttet. Toppa med tomater och basilikablad. Vik försiktigt kalkonbröstet, behåll skalet på utsidan. Säkra

steken på fyra till sex ställen med köksgarn av 100 % bomull. Pensla med 1 msk olivolja. Strö de återstående 1½ tsk medelhavskrydda över steken.

3. Lägg steken på ett galler i en grund form med skinnsidan uppåt. Grädda, utan lock, i en och en halv timme, eller tills en direktavläst termometer insatt nära mitten visar 165 ° F och skorpan är gyllenbrun och krispig. Ta ut kalkonen från ugnen. Täck löst med folie; låt stå 20 minuter innan du skär upp.

4. För ruccolasalladen, blanda ruccola, tomater, ¼ kopp olivolja, vinäger och peppar i en stor skål efter smak. Ta bort strängarna från steken. Skär kalkonen i tunna skivor. Servera med rucolasallad och basilikapesto.

KRYDDAT KALKONBRÖST MED KÖRSBÄRS-BBQ-SÅS

FÖRBEREDELSE: 15 minuter Rostning: 1 timme 15 minuter Stående: 45 minuter
Tillagning: 6-8 portioner

DET HÄR ÄR ETT BRA RECEPTSERVERA EN FOLKMASSA PÅ EN BAKGÅRDSGRILLNING OM DU VILL GÖRA NÅGOT ANNAT ÄN HAMBURGARE. SERVERA MED EN FRÄSCH SALLAD SOM KRISPIG BROCCOLISALLAD (SERECEPT) ELLER HACKAD BRYSSELKÅLSSALLAD (SERECEPT).

- 1 4-5 kilos kalkonbröst med ben
- 3 matskedar rökkrydda (serecept)
- 2 matskedar färsk citronsaft
- 3 matskedar olivolja
- 1 dl torrt vitt vin, som Sauvignon Blanc
- 1 kopp färska eller frysta osötade Bing-körsbär, urkärnade och hackade
- ⅓ kopp vatten
- 1 kopp BBQ-sås (serecept)

1. Låt kalkonbrösten stå i rumstemperatur i 30 minuter. Värm ugnen till 325°F. Lägg kalkonbröstet med skinnsidan uppåt på gallret på stekpannan.

2. Blanda rökkrydda, citronsaft och olivolja i en liten skål till en pasta. Ta bort skinnet från köttet; Bred försiktigt ut hälften av pastan under köttet. Bred ut resten av pastan jämnt på huden. Häll vinet i botten av ugnsformen.

3. Grädda i 1¼ till 1½ timme eller tills skorpan är gyllenbrun och en termometer insatt i mitten av steken (som inte rör benet) visar 170°F, rotera stekpannan halvvägs genom tillagningstiden. Låt stå i 15-30 minuter innan du skär.

4. Under tiden, för körsbärs-BBQ-såsen, kombinera körsbär och vatten i en medelstor kastrull. Vattenkokare; Sänk värmen. Sjud under lock i 5 minuter. Rör ner BBQ-sås; sjuda i 5 minuter. Servera varm eller rumstemperatur med kalkonen.

KALKONFILÉ BRÄSERAD I VIN

FÖRBEREDELSE: 30 minuter gräddningstid: 35 minuter Gör: 4 portioner

LAGA EN PANNSTEKT KALKONEN KOMBINATION AV VIN, TÄRNADE ROMATOMATER, KYCKLINGBULJONG, FÄRSKA ÖRTER OCH KROSSAD RÖD PAPRIKA GER DEN EN UNDERBAR SMAK. SERVERA DEN HÄR GRYTLIKNANDE RÄTTEN I GRUNDA SKÅLAR MED STORA SKEDAR SÅ ATT VARJE TUGGA BLIR EN LÄCKER BULJONG.

2 8- till 12-ounce kalkonfiléer, skurna i 1-tums bitar

2 msk osaltad fågelkrydda

2 matskedar olivolja

6 vitlöksklyftor, hackade (1 matsked)

1 dl hackad lök

½ dl hackad selleri

6 romska tomater, kärnade och hackade (ca 3 dl)

½ kopp torrt vitt vin, som Sauvignon Blanc

½ kopp kycklingbensbuljong (se_recept_) eller kycklingbuljong utan salt

½ tsk hackad färsk rosmarin

¼ till ½ tesked krossad röd paprika

½ kopp hackade färska basilikablad

½ kopp hackad färsk persilja

1. Häll kalkonbitarna i en stor skål med fågelkryddan. Värm 1 matsked olivolja i en mycket stor nonstick-panna på medelvärme. Stek kalkonen i omgångar i het olja tills den är brun på alla sidor. (Kalkonet behöver inte koka igenom.) Lägg över på en tallrik och håll varmt.

2. Tillsätt den återstående 1 msk olivolja i pannan. Öka värmen till medelhög. Tillsätt vitlök; koka och rör om i 1 minut. Tillsätt lök och selleri; koka upp och rör om i 5

minuter. Tillsätt kalkonen och eventuell saft från tallriken, tomater, vin, kycklingbensbuljong, rosmarin och krossad röd paprika. Sänk värmen till medel-låg. Täck över och koka i 20 minuter, rör om då och då. Tillsätt basilika och persilja. Täck över och koka i ytterligare 5 minuter eller tills kalkonen inte längre är rosa.

PANSTEKT KALKONBRÖST MED GRÄSLÖK OCH SCAMPISÅS

FÖRBEREDELSE:30 minuter gräddningstid: 15 minuter Gör: 4 portionerBILD

FÖR ATT SKÄRA KALKONFILÉNHORISONTELLT SÅ JÄMNT SOM MÖJLIGT, TRYCK NER LÄTT MED HANDFLATAN MEDAN DU SKÄR KÖTTET MED JÄMNT TRYCK.

¼ kopp olivolja

2 8- till 12-ounce kalkonbröst, skurna på mitten horisontellt

¼ tesked nymalen svartpeppar

3 matskedar olivolja

4 vitlöksklyftor, hackade

8 uns skalade och deveinerade medelstora räkor, svansar borttagna och halverade på längden

¼ kopp torrt vitt vin, kycklingbensbuljong (serecept) eller kycklingbuljong utan salt

2 matskedar hackad färsk gräslök

½ tsk hackat citronskal

1 matsked färsk citronsaft

Squashnudlar och tomater (serecept, nedan) (valfritt)

1. Värm 1 msk olivolja i en mycket stor stekpanna på medelhög värme. Lägg kalkon i pannan; strö över peppar. Sänk värmen till medium. Grädda i 12 till 15 minuter eller tills den inte längre är rosa och juicen blir klar (165°F), vänd en gång halvvägs genom tillagningen. Ta bort kalkonbiffarna från pannan. Täck med folie för att hålla sig varm.

2. För såsen, värm 3 matskedar olja i samma panna på medelvärme. Tillsätt vitlök; koka i 30 sekunder. Rör i räkor; koka och rör om i 1 minut. Rör ner vin, gräslök och

citronskal; koka och rör om i 1 minut till eller tills räkorna är ogenomskinliga. Avlägsna från värme; blanda i citronsaften. Häll såsen över kalkonbiffarna. Servera med pumpanudlar och tomater om så önskas.

Zucchininudlar och tomater: Skär 2 gula zucchini i julienneremsor med en mandolin- eller julienneskalare. Värm 1 matsked extra virgin olivolja i en stor stekpanna på medelvärme. Lägg till pumpa remsor; koka i 2 minuter. Tillsätt 1 kopp kvarterade druvtomater och ¼ tesked nymalen svartpeppar; koka ytterligare 2 minuter eller tills squashen är knaprig och saftig.

STUVADE KALKONBEN MED GRÖNSAKER

FÖRBEREDELSE: 30 minuter   Grädda: 1 timme 45 minuter   Gör: 4 portioner

DET HÄR ÄR EN AV DESSA LIVSMEDELVAD SKULLE DU VILJA GÖRA EN KRISPIG HÖSTEFTERMIDDAG NÄR DU HINNER GÅ RUNT OCH KOKA I UGNEN. OM TRÄNING INTE VÄCKER DIN APTIT, KOMMER DEN LJUVLIGA DOFTEN NÄR DU GÅR IN GENOM DÖRREN DEFINITIVT ATT GÖRA DET.

3 matskedar olivolja

4 20-24 oz kalkonben

½ tsk nymalen svartpeppar

6 vitlöksklyftor, skalade och krossade

1½ tsk krossade fänkålsfrön

1 tsk hel kryddpeppar, krossad*

1½ dl kycklingbensbuljong (se recept) eller kycklingbuljong utan salt

2 kvistar färsk rosmarin

2 kvistar färsk timjan

1 lagerblad

2 stora lökar, skalade och skurna i 8 skivor

6 stora morötter, skalade och skurna i 1-tums skivor

2 stora kålrot, skalade och skurna i 1-tums kuber

2 medelstora palsternacka, skalade och skurna i 1-tums skivor**

1 rotselleri, skalad och skuren i 1-tums bitar

1. Värm ugnen till 350°F. Värm olivoljan i en stor stekpanna på medelvärme tills den skimrar. Lägg till 2 kalkonben. Grädda i ca 8 minuter eller tills benen är gyllenbruna och krispiga på alla sidor och bryn jämnt. Överför kalkonben till en tallrik; upprepa med återstående 2 kalkonben. Åt sidan.

2. Tillsätt peppar, vitlök, fänkålsfrön och kryddpepparfrön i pannan. Koka och rör om på medelvärme i 1-2 minuter eller tills det doftar. Blanda i kycklingbensbuljongen, rosmarin, timjan och lagerblad. Koka upp, rör om för att lossa eventuella bruna bitar från botten av pannan. Ta av kastrullen från spisen och ställ åt sidan.

3. Kombinera lök, morot, kålrot, palsternacka och rotselleri i en mycket stor holländsk ugn med tättslutande lock. Tillsätt vätskan från pannan; släng på en jacka. Tryck ner kalkonbenen i grönsaksblandningen. Täck med ett lock.

4. Grädda i ca 1 timme och 45 minuter eller tills grönsakerna är mjuka och kalkonen kokt. Servera kalkonlår och grönsaker i stora, grunda skålar. Strö saften från pannan ovanpå.

*Tips: Krossa kryddpeppar- och fänkålsfröna genom att lägga fröna på en skärbräda. Använd den platta sidan av en kockkniv och tryck lätt för att krossa fröna.

**Tips: Skär bort alla stora bitar från toppen av palsternackan.

ÖRTKALKONKÖTTFÄRSLIMPA MED KARAMELLISERAD LÖKKETCHUP OCH EN ROSTAD KÅLSKIVA

FÖRBEREDELSE:15 minuter att laga mat: 30 minuter att laga mat: 1 timme 10 minuter att stå: 5 minuter Förberedelse: 4 portioner

DEN KLASSISKA KÖTTFÄRSLIMPAN TÄCKT AV KETCHUP ÄR SÄKER I PALEO-MENYN, OM KETCHUP (SE RECEPT) INNEHÅLLER INTE SALT ELLER TILLSATT SOCKER. HÄR BLANDAS KETCHUP MED KARAMELLISERAD LÖK SOM STAPLAS OVANPÅ KÖTTBULLEN INNAN STEKNING.

- 1½ kilo mald kalkon
- 2 ägg, lätt vispade
- ½ kopp mandelmjöl
- ⅓ kopp hackad färsk persilja
- ¼ kopp tunt skivad salladslök (2)
- 1 msk hackad färsk salvia eller 1 tsk krossad torkad salvia
- 1 msk hackad färsk timjan eller 1 tsk krossad torkad timjan
- ¼ tsk svartpeppar
- 2 matskedar olivolja
- 2 söta lökar, halverade och tunt skivade
- 1 kopp Paleo ketchup (se recept)
- 1 litet kålhuvud, halverat, kärnat ur och skär i 8 bitar
- ½-1 tsk krossad röd paprika

1. Värm ugnen till 350°F. Klä en stor ugnsform med bakplåtspapper; Lägg åtsidan. Blanda mald kalkon, ägg, mandelmjöl, persilja, lök, salvia, timjan och svartpeppar i en stor skål. Forma kalkonblandningen till 8 x 4-tums biffar i beredd stekpanna. Grädda i 30 minuter.

2. Under tiden, för den karamelliserade lökketchupen, värm 1 msk olivolja i en stor stekpanna på medelvärme. Tillsätt löken; koka i cirka 5 minuter eller tills löken börjar få färg, rör om ofta. Sänk värmen till medel-låg; grädda i ca 25 minuter eller tills de är gyllenbruna och väldigt mjuka, rör om då och då. Avlägsna från värme; rör i Paleo ketchup.

3. Skeda den karamelliserade lökketchupen över kalkonbiffen. Lägg kålskivorna runt brödet. Ringla kål med återstående 1 matsked olivolja; strö över krossad röd paprika. Grädda i cirka 40 minuter eller tills en termometer som satts in i mitten av brödet visar 165°F, häll karamelliserad lökketchup ovanpå och vänd efter 20 minuter. Låt kalkonbiffan vila i 5-10 minuter innan den skärs upp.

4. Servera kalkonbiffen med kålskivorna och resterande karamelliserad lökketchup.

TURKISK POSOLE

FÖRBEREDELSE: 20 minuter Grädda: 8 minuter Koka: 16 minuter Gör: 4 portioner

TILLBEHÖR TILL DENNA VÄRMANDE SOPPA I MEXIKANSK STILÄR MER ÄN DEKORATIONER. KORIANDER GER EN DISTINKT SMAK, AVOKADO GER KRÄMIGHET OCH ROSTADE PEPITAS GER EN BEHAGLIG CRUNCH.

8 färska tomater
1¼ till 1½ kilo malen kalkon
1 röd paprika, kärnad och tunt skivad
½ kopp hackad lök (1 medium)
6 vitlöksklyftor, hackade (1 matsked)
1 matsked mexikansk krydda (se recept)
2 dl kycklingbensbuljong (se recept) eller kycklingbuljong utan salt
1 14,5-ounce burk osaltade, eldrostade tomater, ej torkade
1 jalapeño eller serrano chili, kärnad och hackad (se dricks)
1 medelstor avokado, halverad, skalad, kärnad och tunt skivad
¼ kopp osaltad pepitasa, rostad (se dricks)
¼ kopp hackad färsk koriander
Limeskivor

1. Värm kycklingen. Ta bort skalet från tomaterna och kassera. Tvätta tomaterna och skär dem på mitten. Lägg tomathalvorna på det ouppvärmda gallret i broilerpannan. Grädda 4 till 5 tum från värme i 8 till 10 minuter eller tills lätt förkolnat, vänd halvvägs igenom. Kyl något i pannan på galler.

2. Stek under tiden kalkon, paprika och lök i en stor panna på medelhög värme i 5-10 minuter eller tills kalkonen fått färg och grönsakerna är mjuka. Rör om med en träslev. kött när det tillagas. Häll eventuellt av fettet. Tillsätt vitlök

och mexikansk krydda. Koka och rör om i ytterligare 1 minut.

3. Blanda cirka två tredjedelar av de förkolnade tomaterna och 1 dl kycklingbensbuljong i en mixer. Täck över och rör tills det är slätt. Lägg till kalkonblandningen i pannan. Rör i återstående 1 dl kycklingbuljong, odränerade tomater och chilipeppar. Hacka de återstående tomaterna grovt; lägg till kalkonblandningen. Vattenkokare; Sänk värmen. Täck över och låt sjuda i 10 minuter.

4. Häll upp soppan i grunda serveringsskålar för servering. Tillsätt avokado, pepitas och koriander. Toppa soppan med limeskivor för att pressa.

KYCKLINGBENSBULJONG

FÖRBEREDELSE: 15 minuter Stekt: 30 minuter Grädda: 4 timmar Kyl: över natten Gör: ca 10 koppar

FÖR DEN FRÄSCHASTE, BÄSTA SMAKEN OCH HÖGSTA SMAKENNÄRINGSINNEHÅLL – ANVÄND HEMGJORD KYCKLINGFOND I DINA RECEPT. (DEN INNEHÅLLER INTE HELLER SALT, KONSERVERINGSMEDEL ELLER TILLSATSER.) ATT ROSTA BENEN FÖRE TILLAGNING FÖRBÄTTRAR SMAKEN. GENOM ATT LÅNGSAMT KOKA BENEN I VÄTSKA TILLFÖR DE MINERALER TILL BULJONGEN, SOM KALCIUM, FOSFOR, MAGNESIUM OCH KALIUM. SLOW COOKER-VARIANTEN NEDAN GÖR DETTA EXTRA ENKELT. FRYS IN DEN I 2 OCH 4 KOPPAR BEHÅLLARE OCH TINA BARA DET DU BEHÖVER.

- 2 kilo kycklingvingar och baksida
- 4 morötter, hackade
- 2 stora purjolökar, endast vita och ljusgröna delar, tunt skivade
- 2 stjälkar selleri med blad, grovt hackade
- 1 palsternacka, grovt hackad
- 6 stora kvistar italiensk (plattbladig) persilja
- 6 kvistar färsk timjan
- 4 vitlöksklyftor, delade
- 2 tsk hela svartpepparkorn
- 2 hela kryddnejlika
- Kallt vatten

1. Värm ugnen till 425°F. Lägg kycklingvingarna och tillbaka på ett stort bakplåtspapper; grädda i 30-35 minuter eller tills de fått fin färg.

2. Överför de brynta kycklingbitarna och de brynta bitarna som samlats på bakplåten till en stor gryta. Tillsätt morot,

purjolök, selleri, palsternacka, persilja, timjan, vitlök, paprika och kryddnejlika. Tillsätt tillräckligt med kallt vatten (ca 12 koppar) i en stor gryta för att täcka kycklingen och grönsakerna. Koka upp på medelvärme; justera värmen så att buljongen kokar väldigt lågt och bubblorna bryter ytan. Täck och låt sjuda i 4 timmar.

3. Sila den varma buljongen genom en stor sil som är fodrad med två lager fuktig 100 % bomullstyg. Kassera fast material. Täck buljongen och ställ i kylen över natten. Skumma bort fettet från buljongen före användning och kassera.

Tips: För att göra buljongen klar (valfritt), blanda 1 äggvita, 1 krossat äggskal och ¼ kopp kallt vatten i en liten skål. Rör ner blandningen i den silade buljongen i grytan. Värm tillbaka till en kokning. Avlägsna från värme; låt stå i 5 minuter. Sila den varma buljongen genom en sil fodrad med ett fräscht dubbelt lager av 100 % bomullstyg. Kyl och skumma fettet före användning.

Instruktioner för slow cookern: Förbered enligt instruktionerna förutom steg 2, lägg ingredienserna i en 5-6 liters slow cooker. Täck över och koka på låg värme i 12-14 timmar. Fortsätt som beskrivs i steg 3. Gör ca 10 koppar.

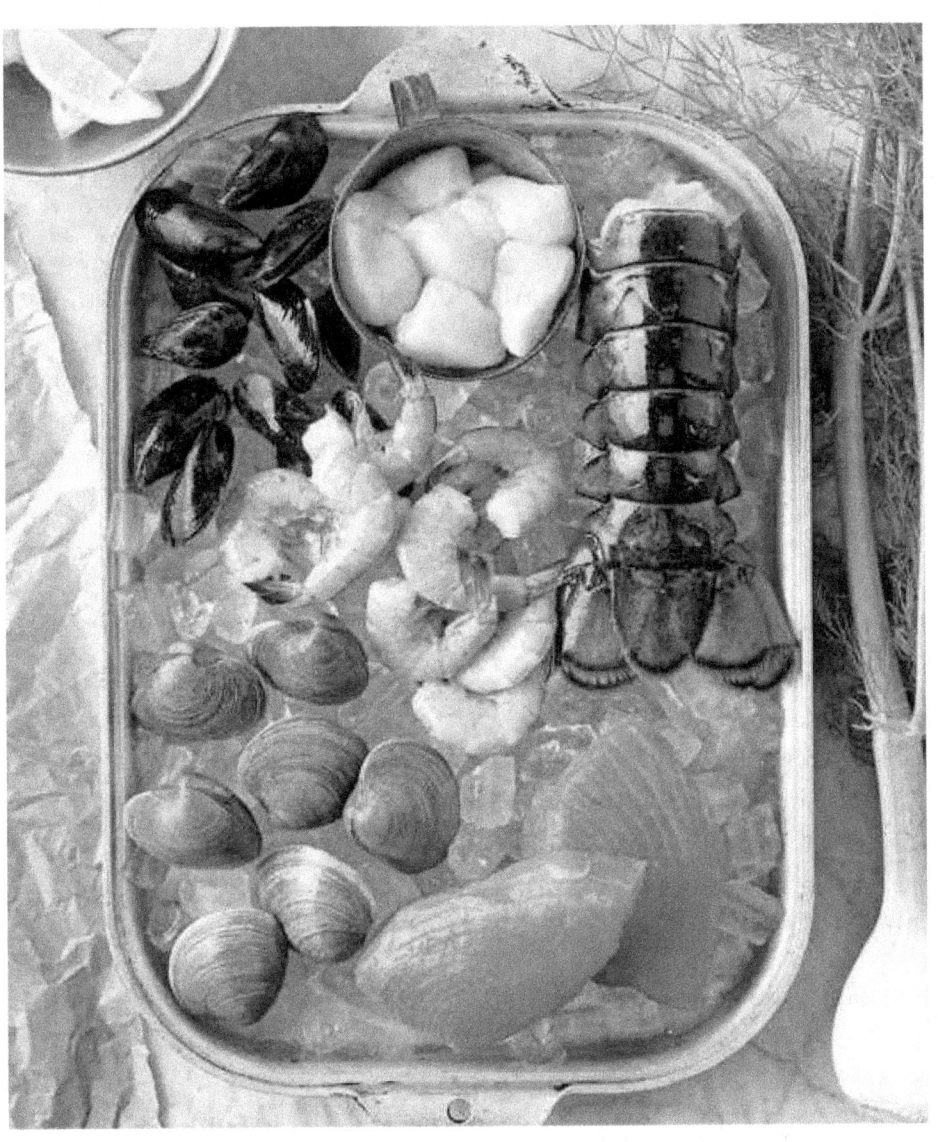

GRÖN HARISSA LAX

FÖRBEREDELSE: 25 minuter Gräddningstid: 10 minuter Grillning: 8 minuter
Tillagningstid: 4 portioner<u>BILD</u>

EN VANLIG GRÖNSAKSSKALARE ANVÄNDSRAKA FÄRSK RÅ SPARRIS I TUNNA STRIMLOR FÖR SALLAD. TOPPAD MED EN LÄTT CITRUSVINÄGRETT (SE<u>RECEPT</u>) OCH MED RÖKROSTADE SOLROSFRÖN ÄR DET EN UPPFRISKANDE PARTNER MED LAX OCH EN KRYDDIG GRÖN ÖRTSÅS.

LAX
4 6- till 8-ounce färska eller frysta laxfiléer utan skinn, cirka 1 tum tjocka
Olivolja

I HARIS
1½ tsk spiskummin
1½ tsk korianderfrön
1 dl tätt packade färska bladpersilja
1 kopp grovt hackad färsk koriander (blad och stjälkar)
2 jalapenos, kärnade och grovt hackade (se<u>dricks</u>)
1 lök, hackad
2 vitlöksklyftor
1 tsk hackat citronskal
2 matskedar färsk citronsaft
⅓ kopp olivolja

KRYDDADE SOLROSFRÖN
⅓ kopp råa solrosfrön
1 tsk olivolja
1 tesked rökarom (se<u>recept</u>)

SALLAD
12 stora sparrisspjut, putsade (ca 1 pund)
⅓ kopp Bright Citrus Vinaigrette (se<u>recept</u>)

1. Tina fisken om den är fryst; torka med en pappershandduk. Pensla båda sidor av fisken lätt med olivolja. Åt sidan.

2. För harissan, rosta spiskummin och korianderfröna i en liten panna på medelvärme i 3-4 minuter eller tills de är lätt rostade och doftar. I en matberedare, kombinera rostad spiskummin och korianderfrön, persilja, koriander, jalapeños, vitlök, schalottenlök, citronskal, citronsaft och olivolja. Bearbeta tills den är slät. Åt sidan.

3. Värm ugnen till 300°F för kryddade solrosfrön. Klä en plåt med bakplåtspapper; Lägg åtsidan. Blanda solrosfröna och 1 tsk olivolja i en liten skål. Strö fröna med rökkrydda; kasta till beläggning. Fördela solrosfröna jämnt på bakplåtspappret. Grädda i cirka 10 minuter eller tills de fått lite färg.

4. För en kol- eller gasolgrill, lägg laxen på ett smord grillgaller direkt på medelvärme. Täck över och grilla i 8 till 12 minuter eller tills fisken flagnar när den testas med en gaffel, vänd en gång halvvägs genom grillningen.

5. Använd under tiden en grönsaksskalare och raka sparrisen i långa tunna strimlor till salladen. Överför till ett fat eller medium skål. (Spjutens ändar bryts av när spjuten tunnas ut, lägg dem på ett fat eller en skål.) Ringla Bright Citrus-vinägretten över de rakade spjuten. Strö de kryddade solrosfröna ovanpå.

6. Lägg filé på var och en av fyra tallrikar att servera; sked grön harissa över varje filé. Servera med hackad sparrissallad.

GRILLAD LAX MED MARINERAD KRONÄRTSKOCKSHJÄRTASALLAD

FÖRBEREDELSE: 20 minuter Grill: 12 minuter Gör: 4 portioner

OFTA DE BÄSTA VERKTYGEN FÖR ATT KASTA EN SALLAD ÄR DINA HÄNDER. ATT BLANDA DEN MJUKA SALLADEN OCH DE GRILLADE KRONÄRTSKOCKORNA JÄMNT I DENNA SALLAD GÖRS BÄST MED RENA HÄNDER.

- 4 6 oz färska eller frysta laxfiléer
- 1 9-ounce paket frysta kronärtskockshjärtan, tinade och avrunna
- 5 matskedar olivolja
- 2 msk hackad schalottenlök
- 1 matsked hackat citronskal
- ¼ kopp färsk citronsaft
- 3 matskedar hackad färsk oregano
- ½ tsk nymalen svartpeppar
- 1 matsked medelhavskrydda (se recept)
- 1 5-ounce paket med blandad babysallat

1. Tina fisken om den är fryst. Skölj fisken; torka med en pappershandduk. Ställ fisken åt sidan.

2. I en medelstor skål, släng kronärtskockshjärtan med 2 matskedar olivolja; Lägg åtsidan. I en stor skål, kombinera 2 matskedar olivolja, schalottenlök, citronskal, citronsaft och oregano; Lägg åtsidan.

3. För en kol- eller gasgrill, lägg kronärtskockshjärtan i grillkorgen och grilla direkt på medelvärme. Täck över och grilla i 6-8 minuter eller tills de är fint förkolnade och genomvärmda, rör om ofta. Ta bort kronärtskockorna från grillen. Låt svalna i 5 minuter, tillsätt sedan

kronärtskockorna i schalottenlöksblandningen. Krydda med peppar; släng på en jacka. Åt sidan.

4. Pensla lax med återstående 1 msk olivolja; strö över medelhavskrydda. Lägg laxen på grillgallret med den kryddade sidan nedåt direkt på medelhög värme. Täck över och grilla i 6-8 minuter eller tills fisken flagnar när den testas med en gaffel, vänd försiktigt halvvägs genom grillningen.

5. Lägg till salladerna i skålen med de marinerade kronärtskockorna; släng försiktigt in i jackan. Servera salladen till den grillade laxen.

SNABBSTEKT CHILI-SALVIA LAX MED GRÖN TOMATSALSA

FÖRBEREDELSE: 35 minuter Kylning: 2-4 timmar Gräddning: 10 minuter Gör: 4 portioner

SNABBROSTNING HÄNVISAR TILL TEKNIKEN VÄRM EN TORR PANNA I UGNEN PÅ HÖG TEMPERATUR, TILLSÄTT OLJA OCH FISK, KYCKLING ELLER KÖTT (DET FRÄSER!) OCH AVSLUTA MATEN I UGNEN. SNABBROSTNING FÖRKORTAR TILLAGNINGSTIDEN OCH SKAPAR EN FIN KRISPIG SKORPA PÅ UTSIDAN OCH EN SAFTIG OCH SMAKRIK INSIDA.

LAX

- 4 5-6 oz färska eller frysta laxfiléer
- 3 matskedar olivolja
- ¼ kopp finhackad lök
- 2 vitlöksklyftor, skalade och skivade
- 1 msk mald koriander
- 1 tsk malen spiskummin
- 2 tsk söt paprika
- 1 tsk torkad oregano, krossad
- ¼ tesked cayennepeppar
- ⅓ kopp färsk limejuice
- 1 msk hackad färsk salvia

GRÖN TOMATSALSA

- 1½ dl tärnade fasta gröna tomater
- ⅓ kopp hackad rödlök
- 2 matskedar hackad färsk koriander
- 1 jalapeño, kärnad och hackad (se dricks)
- 1 vitlöksklyfta, hackad
- ½ tsk malen spiskummin

¼ tesked chilipulver

2-3 matskedar färsk limejuice

1. Tina fisken om den är fryst. Skölj fisken; torka med en pappershandduk. Ställ fisken åt sidan.

2. Gör chili-salviapastan genom att kombinera 1 msk olivolja, lök och vitlök i en liten kastrull. Koka på låg värme i 1-2 minuter eller tills det doftar. Rör ner koriander och spiskummin; koka och rör om i 1 minut. Blanda paprika, oregano och cayennepeppar; koka och rör om i 1 minut. Tillsätt limejuice och salvia; koka och rör om i cirka 3 minuter eller tills en slät pasta bildas; Häftigt.

3. Använd fingrarna för att breda ut chili-salviapastan på båda sidor av filén. Placera fisken i en glasbehållare eller icke-reaktiv behållare; täck tätt med plastfolie. Kyl i 2-4 timmar.

4. Under tiden, för salsan, kombinera tomater, lök, koriander, jalapeño, vitlök, spiskummin och chilipulver i en medelstor skål. Blanda väl. Ringla över limejuice; släng på en jacka.

4. Skrapa så mycket pasta som möjligt från laxen med en gummispatel. Kasta pastan.

5. Sätt in en mycket stor gjutjärnspanna i ugnen. Sätt ugnen på 500°F. Värm ugnen med en panna.

6. Ta ut den varma pannan ur ugnen. Häll 1 matsked olivolja i pannan. Luta pannan så att botten av pannan täcks med olja. Lägg filén i pannan med skinnsidan nedåt. Pensla filéerna med resterande 1 msk olivolja.

7. Rosta laxen i cirka 10 minuter eller tills fisken börjar flaga när den testas med en gaffel. Servera fisken med salsa.

ROSTAD LAX OCH SPARRIS EN PAPILLOTE MED CITRON-HASSELNÖTSPESTO

FÖRBEREDELSE:20 minuter Baka: 17 minuter Gör: 4 portioner

ATT BAKA "EN PAPILLOTE" BETYDER HELT ENKELT ATT BAKA MED PAPPER.DET ÄR ETT VACKERT SÄTT ATT LAGA MAT AV FLERA ANLEDNINGAR. FISKEN OCH GRÖNSAKERNA ÅNGAS I PERGAMENTFOLIEN OCH ABSORBERAR SAFT, SMAKER OCH NÄRINGSÄMNEN – OCH DET FINNS INGEN ANLEDNING ATT DISKA GRYTORNA OCH KASTRULLERNA EFTERÅT.

- 4 6 oz färska eller frysta laxfiléer
- 1 dl lättpackade färska basilikablad
- 1 dl lättpackade färska bladpersilja
- ½ kopp hasselnötter, rostade*
- 5 matskedar olivolja
- 1 tsk hackat citronskal
- 2 matskedar färsk citronsaft
- 1 vitlöksklyfta, hackad
- 1 kilo tunt skivad sparris
- 4 matskedar torrt vitt vin

1. Tina laxen om den är fryst. Skölj fisken; torka med en pappershandduk. Värm ugnen till 400°F.

2. Till peston, blanda basilika, persilja, hasselnötter, olivolja, citronskal, citronsaft och vitlök i en mixer eller matberedare. Täck över och rör om eller bearbeta tills det är slätt; Lägg åtsidan.

3. Skär fyra 12-tumsrutor från bakplåtspapper. För varje paket, lägg en laxfilé i mitten av pergamentrutan. Toppa med en fjärdedel av sparrisen och 2-3 matskedar pesto; ringla över 1 msk vin. Lyft de två motsatta sidorna av bakplåtspappret och vik över fisken flera gånger. Vik ändarna av pergamentet. Upprepa för att göra ytterligare tre förpackningar.

4. Grädda i 17-19 minuter eller tills fisken börjar flagna när den testas med en gaffel (kontrollera att den är klar genom att försiktigt öppna förpackningen).

*Tips: Värm ugnen till 350°F för att rosta hasselnötter. Fördela nötterna i ett enda lager i en grund ugnsform. Grädda i 8-10 minuter eller tills de fått lite färg. Rör om en gång så det kokar jämnt. Kyl nötterna något. Lägg de varma nötterna på en ren kökshandduk; gnugga med en handduk för att ta bort lösa skal.

KRYDDAD LAX MED SVAMP-ÄPPELSÅS

FRÅN BÖRJAN TILL SLUT:40 minuter att förbereda: 4 portioner

ALL DEN DÄR LAXFILÉNTOPPAD MED SAUTERADE SVAMPAR, SCHALOTTENLÖK OCH RÖDSKALLIGA ÄPPELSKIVOR OCH SERVERAD PÅ EN BÄDD AV LJUSGRÖN SPENAT, BLIR DET EN IMPONERANDE RÄTT ATT SERVERA TILL GÄSTERNA.

1 1½ pund färska eller frysta hela laxfiléer, skalade

1 tsk fänkålsfrön, finkrossade*

½ tesked torkad salvia, krossad

½ tsk mald koriander

¼ tesked torr senap

¼ tsk svartpeppar

2 matskedar olivolja

1½ dl färska cremini-svampar, i fjärdedelar

1 medelstor schalottenlök, mycket tunt skivad

1 litet kokt äpple, i fjärdedelar, kärnade och tunt skivat

¼ kopp torrt vitt vin

4 dl färsk spenat

Små kvistar färsk salvia (valfritt)

1. Tina laxen om den är fryst. Värm ugnen till 425 ° F. Klä en stor bakplåt med bakplåtspapper; Lägg åtsidan. Skölj fisken; torka med en pappershandduk. Lägg laxen med skinnsidan nedåt på den förberedda bakplåten. I en liten skål, kombinera fänkålsfrön, ½ tsk torkad salvia, koriander, senap och peppar. Strö jämnt över laxen; gnugga med fingrarna.

2. Mät tjockleken på fisken. Stek laxen i 4 till 6 minuter till ½-tums tjocklek, eller tills fisken flagnar när den testas med en gaffel.

3. Värm under tiden olivoljan i en stor panna på medelvärme för pannsåsen. Tillsätt svamp och schalottenlök; koka 6-8 minuter eller tills svamparna är mjuka och börjar få färg, rör om då och då. Lägg till äpple; täck och koka och rör om i ytterligare 4 minuter. Tillsätt vinet försiktigt. Koka utan lock i 2-3 minuter eller tills äppelskivorna är mjuka. Använd en hålslev och överför svampblandningen till en medelstor skål; lock för att hålla sig varm.

4. Koka spenaten i samma panna under konstant omrörning i 1 minut eller tills spenaten precis vissnat. Dela spenaten mellan fyra serveringsfat. Skär laxfilén i fyra lika stora delar, skär genom skalet, men inte igenom. Lyft upp laxportionerna från skalet med en stor spatel; lägg en portion lax ovanpå spenaten på varje tallrik. Häll svampblandningen jämnt över laxen. Garnera med färsk salvia om så önskas.

*Tips: Krossa fänkålsfröna med mortel och mortelstöt eller en kryddkvarn.

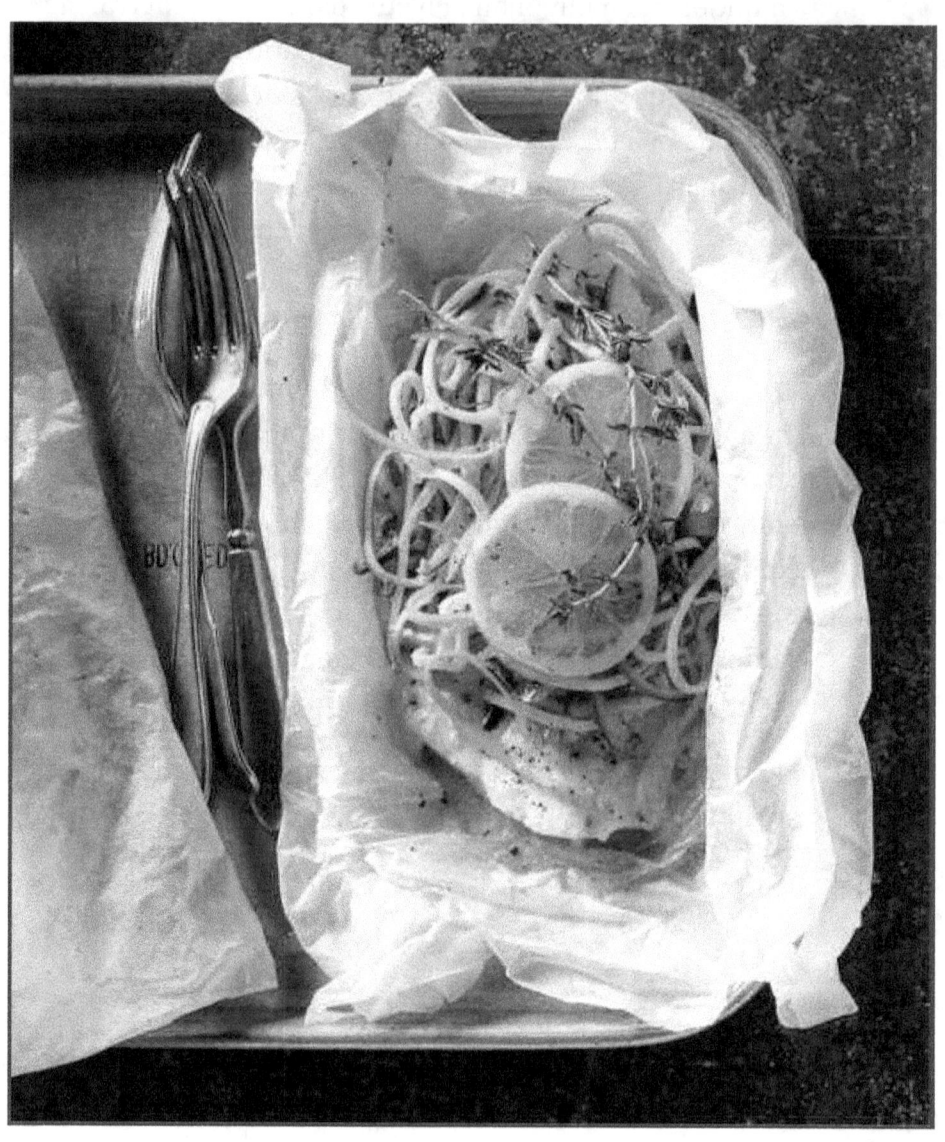

SOLE EN PAPILLOTE JULIENNE MED GRÖNSAKER

FÖRBEREDELSE: 30 minuter gräddningstid: 12 minuter Gör: 4 portioner[BILD](#)

GRÖNSAKER KAN GIVETVIS JULIENERAS MED EN BRA VASS KOCKKNIV, MEN DET TAR MYCKET TID. JULIENNE SKALARE (SE "UTRUSTNING") GÖR ATT DU SNABBT KAN SKAPA LÅNGA, TUNNA, ENHETLIGA REMSOR AV GRÖNSAKER.

4 6-ounce filéer av färsk eller fryst tunga, flundra eller annan fast vit fisk

1 zucchini, skuren Julienne

1 stor morot, skuren julienne

½ rödlök, skuren julienne

2 romska tomater, kärnade och finhackade

2 vitlöksklyftor, hackade

1 matsked olivolja

½ tsk svartpeppar

1 citron, skär i 8 tunna skivor, kärnorna borttagna

8 kvistar färsk timjan

4 teskedar olivolja

¼ kopp torrt vitt vin

1. Tina fisken om den är fryst. Värm ugnen till 375 ° F. I en stor skål, kombinera zucchini, morot, lök, tomater och vitlök. Tillsätt 1 matsked olivolja och ¼ tesked peppar; blanda väl ihop. Ställ grönsakerna åt sidan.

2. Skär fyra 14-tumsrutor från bakplåtspapper. Skölj fisken; torka med en pappershandduk. Lägg en filé i mitten av varje ruta. Strö över den återstående ¼ tsk peppar. Lägg grönsakerna, citronskivorna och timjankvistarna ovanpå filén, dela jämnt. Ringla 1 tsk olivolja och 1 msk vitt vin över varje hög.

3. Arbeta ett paket i taget, lyft två motsatta sidor av bakplåtspappret och vik över fisken flera gånger. Vik ändarna av pergamentet.

4. Bred ut paketen på ett stort bakplåtspapper. Grädda i cirka 12 minuter eller tills fisken börjar flagna när den testas med en gaffel (kontrollera om den är klar genom att försiktigt öppna förpackningen).

5. Servera genom att lägga varje paket på en tallrik. öppna förpackningarna försiktigt.

RUCCOLA PESTO FISKTACOS MED RÖKIG LIMEKRÄM

FÖRBEREDELSE:30 minuters grillning: 4-6 minuter per ½ tums tjocklek Ger: 6 portioner

SULAN KAN BYTAS UT MOT TORSK- INTE BARA TILAPIA. TYVÄRR ÄR TILAPIA ETT AV DE SÄMSTA VALEN FÖR FISK. DEN ODLAS NÄSTAN ÖVERALLT PÅ GÅRDEN OCH OFTA UNDER FRUKTANSVÄRDA FÖRHÅLLANDEN - ÄVEN OM TILAPIA FINNS NÄSTAN ÖVERALLT BÖR DEN UNDVIKAS.

4 4-5 oz färska eller frysta sjötunga filéer, cirka ½ tum tjocka

1 recept på rucolapesto (serecept)

½ kopp cashewnötter (serecept)

1 tesked rökarom (serecept)

½ tsk hackad limeskal

12 salladsblad

1 mogen avokado, halverad, kärnorna borttagna och tunna skivor

1 dl hackade tomater

¼ kopp hackad färsk koriander

1 lime, skuren i skivor

1. Tina fisken om den är fryst. Skölj fisken; torka med en pappershandduk. Ställ fisken åt sidan.

2. Gnid in rucolapesto på båda sidor av fisken.

3. För en kol- eller gasgrill, lägg fisken på ett smord galler direkt på medelvärme. Täck över och grilla i 4-6 minuter eller tills fisken flagnar när den testas med en gaffel, vänd en gång halvvägs genom grillningen.

4. För Smoky Lime Cream, kombinera cashewkrämen, rökarom och limeskal i en liten skål.

5. Skär fisken i bitar med en gaffel. Fyll smörtallrikar med fisk, avokadoskivor och tomater; strö koriander ovanpå. Ringla tacos med Smoky Lime Cream. Servera med limeklyftor att pressa över tacos.

BAS MED MANDELSKORPA

FÖRBEREDELSE:15 minuter Tillagningstid: 3 minuter Gör: 2 portioner

BARA LITE MANDELMJÖLSKAPA EN FIN SKORPA FÖR DENNA SUPERSNABBA PANNSTEKTA FISK SOM SERVERAS MED KRÄMIG DILLMAJONNÄS OCH EN KLÄM FÄRSK CITRON.

12 oz färska eller frysta ansjovisfiléer
1 matsked citron-örtkrydda (se recept)
¼ till ½ tesked svartpeppar
⅓ kopp mandelmjöl
2-3 matskedar olivolja
¼ kopp Paleo Mayo (se recept)
1 tsk hackad färsk dill
Citronskivor

1. Tina fisken om den är fryst. Skölj fisken; torka med en pappershandduk. Blanda citron-örtkrydda och peppar i en liten skål. Klä båda sidor av filén med kryddblandningen, tryck till lätt. Bred ut mandelmjölet på en stor tallrik. Doppa ena sidan av varje filé i mandelmjöl, tryck till lätt.

2. Värm tillräckligt med olja i en stor stekpanna på medelvärme för att täcka pannan. Lägg till fisken med den belagda sidan nedåt. Koka i 2 minuter. Vänd försiktigt på fisken; koka i ca 1 minut till eller tills fisken börjar flaga när den testas med en gaffel.

3. Till såsen, blanda Paleo Mayo och dill i en liten skål. Servera fisken med såsen och citronskivorna.

GRILLAD TORSK OCH ZUCCHINI MED EN KRYDDIG MANGO-BASILIKASÅS

FÖRBEREDELSE:Grilla i 20 minuter: 6 minuter Gör: 4 portioner

1 till 1½ pund färsk eller fryst torsk, ½ till 1 tum tjock
4 stycken 24" stycken med 12" bred film
1 medelstor zucchini, skuren i julienneremsor
Citron-örtkrydda (se recept)
¼ kopp Chipotle Paleo Mayo (se recept)
1-2 matskedar mosad mogen mango*
1 msk färsk lime- eller citronsaft eller risvinäger
2 matskedar hackad färsk basilika

1. Tina fisken om den är fryst. Skölj fisken; torka med en pappershandduk. Skär fisken i fyra portionsstora bitar.

2. Vik varje bit folie på mitten, gör en dubbel 12-tums fyrkant. Placera en del av fisken i mitten av folierutan. Toppa med en fjärdedel av zucchinin. Strö citron-örtkrydda ovanpå. Lyft de två motsatta sidorna av folien och vik flera gånger över zucchinin och fisken. Vik ihop ändarna av folien. Upprepa för att göra ytterligare tre förpackningar. För dressingen, kombinera Chipotle Paleo Mayo, mango, limejuice och basilika i en liten skål; Lägg åtsidan.

3. För en kol- eller gasolgrill, lägg paketen på ett oljat grillgaller direkt på medelvärme. Täck över och grilla i 6-9 minuter eller tills fisken börjar flaga när den testas med en gaffel och zucchinin är krispig och mör (kontrollera om den är klar genom att försiktigt öppna förpackningen). Vrid inte förpackningar under grillning. Fyll varje portion med sås.

*Tips: För mangopurén, blanda ¼ kopp hackad mango och 1 msk vatten i en mixer. Täck över och rör tills det är slätt. Tillsätt den återstående mosade mangon till smoothien.

TORSK STUVAD I RIESLING MED TOMATER FYLLDA MED PESTO

FÖRBEREDELSE: 30 minuter gräddningstid: 10 minuter Gör: 4 portioner

1 till 1½ pund färska eller frysta torskfiléer, cirka 1 tum tjocka
4 romska tomater
3 matskedar basilikapesto (se recept)
¼ tesked mald svartpeppar
1 dl torr Riesling eller Sauvignon Blanc
1 kvist färsk timjan eller ½ tsk torkad timjan, krossad
1 lagerblad
½ kopp vatten
2 matskedar hackad lök
Citronskivor

1. Tina fisken om den är fryst. Dela tomaterna horisontellt. Skala fröna och en del av fruktköttet. (Om du vill platta till tomaten, skär den i en mycket tunn skiva, var noga med att inte skapa ett hål i botten av tomaten.) Skeda peston i varje tomathalva; strö över mald peppar; Lägg åtsidan.

2. Skölj fisken; torka med en pappershandduk. Skär fisken i fjärdedelar. Placera ångbåtskorgen i en stor kastrull med tättslutande lock. Tillsätt cirka ½ tum vatten i grytan. Vattenkokare; minska värmen till medium. Lägg tomaterna med skärsidan uppåt i korgen. Täck över och ånga i 2-3 minuter eller tills den är genomvärmd.

3. Lägg tomaterna på en tallrik; lock för att hålla sig varm. Ta bort ångbåtskorgen från pannan; kasta vattnet. Tillsätt vin, timjan, lagerblad och ½ kopp vatten i pannan. Vattenkokare; minska värmen till medel-låg. Tillsätt fisk

och lök. Sjud under lock i 8-10 minuter eller tills fisken flagnar när den testats med en gaffel.

4. Häll pocheringsvätskan över fisken. Servera fisken med pestofyllda tomater och citronskivor.

STEKT PISTAGE-KORIANDER-GLASERAD TORSK I SÖTPOTATISSMULA

FÖRBEREDELSE: 20 minuter Grädda: 10 minuter Grädda: 4-6 minuter per ½ tums tjocklek Gör: 4 portioner

1-1½ kilo färsk eller fryst torsk
Olivolja eller raffinerad kokosolja
2 msk malda pistagenötter, pekannötter eller mandel
1 äggvita
½ tsk hackat citronskal
1½ kilo sötpotatis, skalad och tärnad
2 vitlöksklyftor
1 matsked kokosolja
1 msk riven färsk ingefära
½ tsk malen spiskummin
¼ kopp kokosmjölk (som Nature's Way)
4 tsk korianderpesto eller basilikapesto (se recept)

1. Tina fisken om den är fryst. Förvärm kycklingen. Broiler pan oljeställ. I en liten skål, kombinera malda nötter, äggvita och citronskal; Lägg åtsidan.

2. Koka sötpotatispurén och vitlöken i en kastrull på medelvärme i 10-15 minuter eller tills de är mjuka. Avloppsnät; lägg tillbaka sötpotatisen och vitlöken i grytan. Mosa sötpotatisen med en potatisstöt. Blanda 1 msk kokosolja, ingefära och spiskummin. Puré i kokosmjölk tills det är ljust och fluffigt.

3. Skölj fisken; torka med en pappershandduk. Skär fisken i fjärdedelar och lägg den på det förberedda, ouppvärmda grillplåtsstället. Dra under de tunna kanterna. Pensla varje

bit med korianderpesto. Tillsätt nötblandningen i peston och bred ut försiktigt. Stek fisken i 4 till 6 minuter till ½-tums tjocklek, eller tills fisken flagnar när den testas med en gaffel. Täck med folie under gräddningen om ytan börjar brännas. Servera fisken med sötpotatis.

ROSMARIN MANDARIN TORSK MED ROSTAD BROCCOLI

FÖRBEREDELSE: 15 minuter marinering: upp till 30 minuter bakning: 12 minuter Gör: 4 portioner

- 1-1½ kilo färsk eller fryst torsk
- 1 tsk hackat mandarinskal
- ½ kopp färsk mandarin eller apelsinjuice
- 4 matskedar olivolja
- 2 tsk hackad färsk rosmarin
- ¼ till ½ tesked mald svartpeppar
- 1 tsk hackat mandarinskal
- 3 dl broccolibuktor
- ¼ tesked krossad röd paprika
- Mandarinskivor, frön borttagna

1. Värm ugnen till 450°F. Tina fisken om den är fryst. Skölj fisken; torka med en pappershandduk. Skär fisken i fyra portionsstora bitar. Mät tjockleken på fisken. I en grund skål, kombinera mandarinskal, mandarinjuice, 2 matskedar olivolja, rosmarin och svartpeppar; mer fisk. Täck över och marinera i kylen i upp till 30 minuter.

2. I en stor skål, släng broccolin med de återstående 2 msk olivolja och knäckt röd paprika. Lägg i en 2 liters ugnsform.

3. Smörj en grund ugnsform lätt med mer olivolja. Låt fisken rinna av, reservera marinaden. Lägg fisken i pannan, tryck till under de tunna kanterna. Sätt in fisken och broccolin i ugnen. Rosta broccolin i 12-15 minuter eller tills den är knaprig, rör om en gång halvvägs genom tillagningen.

Baka fisken 4 till 6 minuter för varje ½-tums tjocklek, eller tills fisken flingor när den testas med en gaffel.

4. Koka den reserverade marinaden i en liten gryta; koka i 2 minuter. Häll marinaden över den kokta fisken. Servera fisken med broccoli och mandarinskivor.

CURRY TORSK SALLAD WRAPS MED INLAGD RÄDISA

FÖRBEREDELSE:20 minuter att stå: 20 minuter att laga: 6 minuter Gör: 4 portionerBILD

- 1 kilo färsk eller fryst torskfilé
- 6 rädisor, grovt hackade
- 6-7 matskedar cidervinäger
- ½ tsk krossad röd paprika
- 2 matskedar oraffinerad kokosolja
- ¼ kopp mandelsmör
- 1 vitlöksklyfta, hackad
- 2 tsk finriven ingefära
- 2 matskedar olivolja
- 1½-2 tsk osaltat currypulver
- 4-8 salladsblad eller salladsblad
- 1 röd paprika, skuren i julienne-remsor
- 2 matskedar hackad färsk koriander

1. Tina fisken om den är fryst. I en medelstor skål, kombinera rädisor, 4 matskedar vinäger och ¼ tesked krossad röd paprika; låt stå i 20 minuter, rör om då och då.

2. Till mandelsmörsåsen, smält kokosoljan i en liten kastrull på låg värme. Blanda mandelsmöret tills det är slätt. Rör ner vitlök, ingefära och den återstående ¼ tsk krossad röd paprika. Avlägsna från värme. Tillsätt de återstående 2-3 msk cidervinäger under omrörning. Lägg åtsidan. (Att tillsätta vinäger gör såsen något tjockare.)

3. Skölj fisken; torka med en pappershandduk. Hetta upp olivolja och curry i en stor panna på medelvärme. Lägg till fisk; koka 3 till 6 minuter eller tills fisken flingor när den

testas med en gaffel, vänd en gång halvvägs genom tillagningen. Flinga fisken grovt med två gafflar.

4. Töm rädisorna; kassera marinaden. Sked fisken, paprikastrimlorna, rädisorblandningen och mandelsmördressingen på varje salladsblad. Strö koriander ovanpå. Vik arket runt fyllningen. Säkra omslagen med trätandpetare om så önskas.

STEKT KOLJA MED CITRON OCH FÄNKÅL

FÖRBEREDELSE: 25 minuter Stekt: 50 minuter Gör: 4 portioner

KOLJA, POLLOCK OCH TORSK ÄR ALLA DÄRFAST VITT KÖTT MED MILD SMAK. DE ÄR UTBYTBARA I DE FLESTA RECEPT, INKLUSIVE DENNA LÄTTRÖRLIGA FISK- OCH GRÖNSAKSRÄTT MED ÖRTER OCH VIN.

4 6-ounce färsk eller fryst kolja, sej eller torskfiléer, cirka ½ tum tjocka

1 stor fänkålslök, urkärnad och skivad, blad reserverade och hackade

4 medelstora morötter, halverade på längden och skivade i 2-3 tums bitar

1 rödlök, halverad och skivad

2 vitlöksklyftor, hackade

1 citron tunt skivad

3 matskedar olivolja

½ tsk svartpeppar

¾ kopp torrt vitt vin

2 matskedar hackad färsk persilja

2 msk hackade färska fänkålsblad

2 tsk hackat citronskal

1. Tina fisken om den är fryst. Värm ugnen till 400°F. Kombinera fänkål, morot, lök, vitlök och citronklyftor i en 3-liters rektangulär ugnsform. Ringla över 2 matskedar olivolja och strö över ¼ tesked peppar; släng på en jacka. Häll vinet i koppen. Täck skålen med folie.

2. Grädda i 20 minuter. Avslöja; rör ner i grönsaksblandningen. Grädda i ytterligare 15-20 minuter eller tills grönsakerna är krispiga och kokta. Rör ner grönsaksblandningen. Strö fisk med återstående ¼ tesked peppar; lägg fisken ovanpå grönsaksblandningen. Ringla

över den återstående 1 msk olivolja. Grädda i ca 8-10 minuter eller tills fisken flagnar när den testats med en gaffel.

3. Blanda persilja, fänkålsblad och citronskal i en liten skål. Fördela fisk-grönsaksblandningen på serveringsfat för servering. Häll pannsaften över fisken och grönsakerna. Strö över persiljeblandningen.

PECANNÖTSSNAPS MED REMOULAD OCH OKRA OCH TOMATER I CAJUN-STIL

FÖRBEREDELSE:1 timmes tillagningstid: 10 minuter tillagningstid: 8 minuter Ger: 4 portioner

DENNA DISTINKTA FISKRÄTTDET TAR LITE TID ATT FÖRBEREDA, MEN DE RIKA SMAKERNA GÖR DET VÄRT DET. REMOULADEN - EN MAJONNÄSBASERAD SÅS SMAKSATT MED SENAP, CITRON OCH CAJUN SMAKSATT MED HACKAD RÖD PAPRIKA, SALLADSLÖK OCH PERSILJA - KAN GÖRAS EN DAG I FÖRVÄG OCH KYLAS.

- 4 matskedar olivolja
- ½ kopp finhackade pekannötter
- 2 matskedar hackad färsk persilja
- 1 matsked hackad färsk timjan
- 2 8-ounce röd snapperfiléer, ½ tum tjocka
- 4 tsk Cajun-krydda (se recept)
- ½ kopp hackad lök
- ½ kopp tärnad grön paprika
- ½ kopp tärnad selleri
- 1 matsked hackad vitlök
- 1 pund färska okraskidor, skurna i 1-tums skivor (eller färsk sparris, skuren i 1-tums skivor)
- 8 uns druv- eller körsbärstomater, halverade
- 2 tsk hackad färsk timjan
- Svartpeppar
- Rémoulade (se receptet till höger)

1. Värm 1 msk olivolja på medelhög värme. Tillsätt pekannötterna och rosta i cirka 5 minuter eller tills de är

gyllenbruna och doftande, rör om ofta. Överför pekannötterna till en liten skål och låt svalna. Tillsätt persilja och timjan och ställ åt sidan.

2. Värm ugnen till 400°F. Klä en bakplåt med bakplåtspapper eller folie. Lägg snapperfiléerna på en plåt med skinnsidan nedåt och strö 1 tsk Cajun-krydda på båda sidor. Pensla filéerna med 2 msk olivolja med en bakelseborste. Fördela pekannötsblandningen jämnt över filéerna och tryck lätt på nötterna på ytan av fisken för att säkra dem. Täck om möjligt alla öppna ytor av fiskfilén med nötter. Grädda fisken i 8-10 minuter eller tills den lätt flagnar med spetsen på en kniv.

3. Värm den återstående 1 msk olivolja på medelvärme i en stor panna. Tillsätt lök, paprika, selleri och vitlök. Koka och rör om i 5 minuter eller tills grönsakerna är knapriga och mjuka. Lägg till skivad okra (eller sparris, om du använder) och tomater; koka 5 till 7 minuter eller tills okran är knaprig och mör och tomaterna börjar delas. Ta av från värmen och smaka av med timjan och svartpeppar. Servera grönsakerna med snapperen och Rémouladen.

Remoulad: Puré ½ kopp hackad röd paprika, ¼ kopp hackad vitlök och 2 msk hackad färsk persilja i en matberedare. Tillsätt ¼ kopp Paleo Mayo (se_recept_), ¼ kopp Dijon-liknande senap (se_recept_), 1½ tsk citronsaft och ¼ tsk Cajun-krydda (se_recept_). Pulsera tills det blandas. Lägg över på ett serveringsfat och svalna innan servering. (Remolad kan förberedas 1 dag i förväg och förvaras i kylen.)

DRAGON TONFISKBIFFAR MED AVOKADO-CITRON AÏLO

FÖRBEREDELSE: 25 minuter Gräddningstid: 6 minuter Tillagningstid: 4 portioner BILD

DET FINNS EN TONFISK MED LAXEN AV SÄLLSYNTA FISKARTER SOM KAN HACKAS OCH FORMAS TILL HAMBURGARE. VAR NOGA MED ATT INTE BEARBETA TONFISKEN I MATBEREDAREN – ÖVERBEARBETNING GÖR DEN SEG.

- 1 kilo färska eller frysta tonfiskfiléer utan skinn
- 1 äggvita, lätt vispad
- ¾ kopp mald gyllene linfrömjöl
- 1 matsked färsk hackad dragon eller dill
- 2 matskedar hackad färsk gräslök
- 1 tsk hackat citronskal
- 2 matskedar linfröolja, avokadoolja eller olivolja
- 1 medelstor avokado, frön
- 3 msk Paleo Mayo (se recept)
- 1 tsk hackat citronskal
- 2 tsk färsk citronsaft
- 1 vitlöksklyfta, hackad
- 4 uns babyspenat (ca 4 koppar tätt packade)
- ⅓ kopp rostad vitlöksvinägrett (se recept)
- 1 Granny Smith-äpple, skalat och skuret i tändsticksstora bitar
- ¼ kopp hackade rostade valnötter (se dricks)

1. Tina fisken om den är fryst. Skölj fisken; torka med en pappershandduk. Skär fisken i 1½-tums bitar. Lägg fisken i matberedaren; pulsa på/av tills hackad. (Var noga med att inte överkoka, annars stelnar kotletten.) Ställ fisken åt sidan.

2. Blanda äggvita, ¼ kopp linfrömjöl, dragon, gräslök och citronskal i en medelstor skål. Lägg till fisk; rör om försiktigt för att blanda. Forma fiskblandningen till fyra ½ tum tjocka biffar.

3. Lägg återstående ½ kopp linfrömjöl i en grund form. Doppa biffarna i linfröblandningen, rulla platta.

4. Hetta upp oljan i en mycket stor panna på medelvärme. Koka tonfiskbiffar i het olja i 6 till 8 minuter, eller tills en omedelbar termometer som är insatt horisontellt i steken visar 160 ° F och vänder halvvägs genom tillagningen.

5. I en medelstor skål, mosa avokadon med en gaffel för aïoli. Tillsätt Paleo Mayo, citronskal, citronsaft och vitlök. Puré tills det är väl blandat och nästan slätt.

6. Lägg spenaten i en medelstor skål. Kasta spenat med rostad vitlöksvinägrett; släng på en jacka. För varje servering lägg en tonfiskstek och en fjärdedel av spenaten på ett serveringsfat. Toppa med tonfisk med aïoli. Toppa med spenat med äpple och valnötter. Servera omedelbart.

RANDIG BASTAGINE

FÖRBEREDELSE:50 minuter Kyla: 1-2 timmar Grädda: 22 minuter Grädda: 25 minuter
Gör: 4 portioner

TAGINE ÄR NAMNETBÅDE EN TYP AV NORDAFRIKANSK MATRÄTT (EN SORTS GRYTA) OCH EN KONISK GRYTA SOM DEN TILLAGAS I. OM DU INTE HAR EN, GÅR EN TÄCKT UGNSFORM ALLDELES UTMÄRKT. CHERMOULA ÄR EN TJOCK NORDAFRIKANSK ÖRTPASTA SOM OFTAST ANVÄNDS SOM MARINAD FÖR FISK. SERVERA DENNA FÄRGGLADA FISKRÄTT MED SÖTPOTATIS ELLER BLOMKÅLSPURÉ.

4 6-ounce färska eller frysta randiga bas- eller rödspättafiléer, skalade

1 knippe koriander, hackad

1 tsk hackat citronskal (släng)

¼ kopp färsk citronsaft

4 matskedar olivolja

5 vitlöksklyftor, hackade

4 teskedar mald spiskummin

2 tsk söt paprika

1 tsk mald koriander

¼ tesked mald anis

1 stor lök, skalad, halverad och tunt skivad

1 15-ounce burk osaltade eldrostade tärnade tomater, odränerade

½ kopp kycklingbensbuljong (se recept) eller kycklingbuljong utan salt

1 stor gul paprika, kärnad och skär i ½ tums remsor

1 stor apelsin paprika, kärnad och skär i ½ tums strimlor

1. Tina fisken om den är fryst. Skölj fisken; torka med en pappershandduk. Lägg fiskfiléerna i en grund, icke-metallisk ugnsform. Ställ fisken åt sidan.

2. Till chermoula, blanda koriander, citronsaft, 2 msk olivolja, 4 hackade vitlöksklyftor, spiskummin, paprika, koriander

och anis i en mixer eller liten matberedare. Täck och bearbeta tills den är slät.

3. Skeda hälften av chermoulan över fisken och vänd fisken så att den täcks på båda sidor. Täck över och kyl i 1-2 timmar. Täck med återstående chermoula; låt stå i rumstemperatur tills det behövs.

4. Värm ugnen till 325°F. Värm de återstående 2 matskedar olja i en stor stekpanna på medelvärme. Tillsätt löken; koka och rör om i 4-5 minuter eller tills de är mjuka. Rör i återstående 1 hackad vitlöksklyfta; koka och rör om i 1 minut. Tillsätt den reserverade chermoulan, tomaterna, kycklingbensbuljongen, pepparremsorna och citronskalet. Vattenkokare; Sänk värmen. Sjud under lock i 15 minuter. Om så önskas, överför blandningen till tagine; hela fisken och chermoulan som blir över från rätten. omslag; koka i 25 minuter. Servera omedelbart.

HÄLLEFLUNDRA I VITLÖKSRÄKSÅS MED SOFFRITO COLLARD GREENS

FÖRBEREDELSE: 30 minuter gräddningstid: 19 minuter Gör: 4 portioner

DET FINNS FLERA OLIKA KÄLLOR OCH TYPER AV HÄLLEFLUNDRA, OCH DE KAN VARA AV VÄLDIGT OLIKA KVALITET OCH FÅNGAS UNDER VÄLDIGT OLIKA FÖRHÅLLANDEN. FISKENS HÅRDHET, MILJÖN DEN LEVER I OCH FÖRHÅLLANDEN UNDER VILKA DEN FÖDS UPP/FÅNGAS ÄR ALLA FAKTORER SOM AVGÖR VILKEN FISK SOM ÄR ETT BRA VAL FÖR KONSUMTION. BESÖK MONTEREY BAY AQUARIUMS WEBBPLATS (WWW.SEAFOODWATCH.ORG) FÖR DEN SENASTE INFORMATIONEN OM VILKEN FISK MAN SKA ÄTA OCH VAD MAN BÖR UNDVIKA.

- 4 6 oz färska eller frysta hälleflundrafiléer, ca 1 tum tjocka
- Svartpeppar
- 6 matskedar extra virgin olivolja
- ½ kopp hackad lök
- ¼ kopp tärnad röd paprika
- 2 vitlöksklyftor, hackade
- ¾ tesked rökt spansk paprika
- ½ tsk hackad färsk oregano
- 4 koppar collard greener, stjälkar, skivade i ¼-tums tjocka remsor (ca 12 uns)
- ⅓ kopp vatten
- 8 uns medelstora räkor, skalade, deveirade och grovt hackade
- 4 tunt skivade vitlöksklyftor
- ¼ till ½ tesked krossad röd paprika
- ⅓ kopp torr sherry
- 2 matskedar citronsaft
- ¼ kopp hackad färsk persilja

1. Tina fisken om den är fryst. Skölj fisken; torka med en pappershandduk. Strö fisken med peppar. Värm 2 matskedar olivolja i en stor panna på medelvärme. Lägg till filé; koka i 10 minuter eller tills den är gyllenbrun och flagnar när den testas med en gaffel, vänd en gång halvvägs genom tillagningen. Lägg över fisken till en bricka klädd med folie och in i tältet för att hålla sig varm.

2. Värm under tiden 1 matsked olivolja i en annan stor panna på medelvärme. Tillsätt lök, paprika, 2 hackade vitlöksklyftor, paprika och oregano; koka och rör om i 3-5 minuter eller tills de är mjuka. Blanda i grönsakerna och vattnet. Täck över och koka i 3-4 minuter eller tills vätskan har avdunstat och grönsakerna är mjuka, rör om då och då. Täck över och håll varmt fram till servering.

3. För räksåsen, tillsätt de återstående 3 matskedarna olivolja i pannan som användes för att tillaga fisken. Tillsätt räkorna, 4 skivade vitlöksklyftor och krossad röd paprika. Koka och rör om i 2-3 minuter eller tills vitlöken precis har börjat bli gyllenbrun. Lägg till räkor; koka tills räkorna är fasta och rosa, 2 till 3 minuter. Rör ner sherry och citronsaft. Koka i 1-2 minuter eller tills det är något reducerat. Rör ner persiljan.

4. Dela räksåsen mellan filéerna av Pallas. Servera med grönt.

SKALDJUR BOUILLABAISSE

FRÅN BÖRJAN TILL SLUT: 1¾ TIMMAR GÖR: 4 PORTIONER

PRECIS SOM DEN ITALIENSKA CIOPPINO ÄR DETTA EN FRANSK SKALDJURSGRYTAFISKEN OCH SKALDJUREN VERKAR VARA ETT PROV PÅ DAGENS FÅNGST, SLÄNGDA I EN GRYTA MED VITLÖK, LÖK, TOMATER OCH VIN. DEN DISTINKTA SMAKEN HOS BOUILLABAISSE ÄR DOCK SMAKKOMBINATIONEN AV SAFFRAN, FÄNKÅL OCH APELSINSKAL.

- 1 pund färska eller frysta hälleflundrafiléer utan skinn, skurna i 1-tums bitar
- 4 matskedar olivolja
- 2 dl hackad lök
- 4 pressade vitlöksklyftor
- 1 huvud fänkålsfrö rengjort och hackat
- 6 romska tomater, hackade
- ¾ kopp kycklingbensbuljong (se recept) eller kycklingbuljong utan salt
- ¼ kopp torrt vitt vin
- 1 dl hackad lök
- 1 fänkålshuvud, kärnade och hackad
- 6 vitlöksklyftor, hackade
- 1 apelsin
- 3 romska tomater, finhackade
- 4 trådar saffran
- 1 matsked hackad färsk oregano
- 1 kilo små musslor, rengjorda och sköljda
- 1 kilo musslor, rensade, rensade och sköljda (se dricks)
- Hackad färsk oregano (valfritt)

1. Tina hälleflundran om den är frusen. Skölj fisken; torka med en pappershandduk. Ställ fisken åt sidan.

2. Värm 2 matskedar olivolja i en 6- till 8-liters holländsk ugn på medelvärme. Tillsätt 2 dl hackad lök, 1 hackad

fänkålshuvud och 4 pressade vitlöksklyftor i grytan. Koka i 7-9 minuter eller tills löken är mjuk, rör om då och då. Tillsätt 6 hackade tomater och 1 hackad fänkålshuvud; koka i ytterligare 4 minuter. Tillsätt kycklingbensbuljongen och vitt vin i grytan; sjuda i 5 minuter; att svalna något. Lägg grönsaksblandningen i en mixer eller matberedare. Täck över och rör om eller bearbeta tills det är slätt; Lägg åtsidan.

3. Värm den återstående 1 msk olivolja på medelvärme i samma holländska ugn. Tillsätt 1 dl hackad lök, 1 finhackad fänkålshuvud och 6 hackade vitlöksklyftor. Koka på medelvärme i 5 till 7 minuter eller tills det nästan är klart, rör om ofta.

4. Ta bort apelsinskalet i breda strimlor med hjälp av en grönsaksskalare; Lägg åtsidan. Tillsätt den mosade grönsaksblandningen, 3 hackade tomater, saffran, oregano och remsor av apelsinskal i den holländska ugnen. Vattenkokare; minska värmen för att bibehålla en sjud. Tillsätt musslor, musslor och fisk; kasta försiktigt för att täcka fisken med såsen. Justera värmen efter behov för att bibehålla en sjud. Täck över och låt sjuda försiktigt i 3-5 minuter tills musslorna och musslorna öppnar sig när de testas med en gaffel och fisken börjar flagna. För att servera, häll upp i grunda skålar. Strö över mer oregano om så önskas.

KLASSISK RÄK CEVICHE

FÖRBEREDELSE:20 minuter Grädda: 2 minuter Sval: 1 timme Stand: 30 minuter Gör: 3-4 portioner

DENNA LATINAMERIKANSKA RÄTT ÄR EXPLOSIVSMAKER OCH TEXTURER. KRISIG GURKA OCH SELLERI, KRÄMIG AVOKADO, VARMA OCH KRYDDIGA JALAPEÑOS OCH MJUKA SÖTA RÄKOR BLANDAS MED LIMEJUICE OCH OLIVOLJA. I TRADITIONELL CEVICHE KOKAR SYRAN I LIMEJUICEN IGENOM RÄKORNA – MEN ETT SNABBT DOPP I KOKANDE VATTEN LÄMNAR INGET ÅT SLUMPEN VAD GÄLLER SÄKERHET – OCH ÄVENTYRAR INTE SMAKEN ELLER KONSISTENSEN PÅ RÄKORNA.

- 1 pund färska eller frysta medelstora räkor, skalade och avvinkade, svansar borttagna
- ½ gurka, skalad, kärnad och hackad
- 1 dl hackad selleri
- ½ liten rödlök, hackad
- 1-2 jalapeños, kärnade och hackade (se dricks)
- ½ kopp färsk limejuice
- 2 romska tomater, hackade
- 1 avokado, halverad, kärnorna borttagna och tärnade
- ¼ kopp hackad färsk koriander
- 3 matskedar olivolja
- ½ tsk svartpeppar

1. Tina räkorna om de är frysta. Skala och ta bort räkor; ta bort svansarna. Skölj räkor; torka med en pappershandduk.

2. Fyll en stor gryta till hälften med vatten. Koka upp. Tillsätt räkorna i det kokande vattnet. Koka utan lock i 1-2 minuter eller tills räkor blir ogenomskinliga; avloppsnät.

Häll av räkorna under kallt vatten och låt rinna av igen. Hacka räkorna.

3. I en mycket stor icke-reaktiv skål, kombinera räkor, gurka, selleri, lök, jalapeños och limejuice. Täck över och kyl i 1 timme, rör om en eller två gånger.

4. Blanda i tomater, avokado, koriander, olivolja och svartpeppar. Täck över och låt stå i rumstemperatur i 30 minuter. Rör om försiktigt innan servering.

RÄK-SPENATSALLAD MED KOKOSSKORPA

FÖRBEREDELSE:25 minuter Gräddningstid: 8 minuter Tillagningstid: 4 portionerBILD

KOMMERSIELLT TILLVERKADE BURKAR MED SPRAY OLIVOLJAKAN INNEHÅLLA SPANNMÅLSALKOHOL, LECITIN OCH DRIVMEDEL - INGEN BRA KOMBINATION OM DU FÖRSÖKER ÄTA REN, RIKTIG MAT OCH UNDVIKA SPANNMÅL, OHÄLSOSAMMA FETTER, BALJVÄXTER OCH MEJERIPRODUKTER. OLJEMISTERN ANVÄNDER BARA LUFT FÖR ATT FINSPRAYA OLJA - PERFEKT FÖR ATT LÄTT BELÄGGA RÄKOR MED KOKOSGRÄDDE INNAN TILLAGNING.

1½ pund färska eller frysta extra stora räkor, skalade

Misto sprayflaska full med extra virgin olivolja

2 ägg

¾ kopp osötade kokosflingor eller strimlad kokos

¾ kopp mandelmjöl

½ dl avokadoolja eller olivolja

3 matskedar färsk citronsaft

2 msk färsk limejuice

2 små vitlöksklyftor, hackade

⅛ till ¼ tesked krossad röd paprika

8 koppar färsk babyspenat

1 medelstor avokado, halverad, urkärnad, skalad och tunt skivad

1 liten orange eller gul paprika, skuren i tunna strimlor

½ dl skivad rödlök

1. Tina räkorna om de är frysta. Skala och hacka räkorna, lämna svansen intakt. Skölj räkor; torka med en pappershandduk. Värm ugnen till 450 ° F. Klä en stor

bakplåt med folie; bestryk lätt folien med olja sprayad från Misto-flaskan; Lägg åtsidan.

2. Vispa äggen med en gaffel i en grund skål. I en annan grund skål, kombinera kokos- och mandelmjölet. Doppa räkorna i äggen och vänd dem så att de täcks. Doppa i kokosblandningen, tryck in i ytan (låt svansarna vara öppna). Lägg räkorna i ett enda lager på den förberedda bakplåten. Borsta toppen av räkorna med oljan som sprayas från Misto-flaskan.

3. Koka i 8-10 minuter eller tills räkorna är ogenomskinliga och beläggningen är ljusbrun.

4. Blanda under tiden avokadoolja, citronsaft, limejuice, vitlök och krossad röd paprika i en liten burk med skruvlock för doppning. Täck och skaka väl.

5. Till salladen, dela spenaten mellan fyra serveringsfat. Toppa med avokado, paprika, rödlök och räkor. Ringla över sås och servera genast.

TROPISKA RÄKOR OCH PILGRIMSMUSSLA CEVICHE

FÖRBEREDELSE: Marinera i 20 minuter: 30 till 60 minuter Gör: 4 till 6 portioner

SVAL OCH LÄTT CEVICHE ÄR EN UTMÄRKT MÅLTID FÖR EN VARM SOMMARKVÄLL. MED MELON, MANGO, SERRANO CHILI, FÄNKÅL OCH MANGO-LIME SALLADSDRESSING (SE RECEPT), DEN ÄR URSPRUNGLIGEN SÖT.

1 kilo färska eller frysta pilgrimsmusslor
1 kilo färska eller frysta stora räkor
2 koppar tärnad honungsmelon
2 medelstora mango, urkärnade, skalade och tärnade (ca 2 koppar)
1 fänkålshuvud, putsad, tärnad, urkärnad och tunt skivad
1 medelstor röd paprika, hackad (ca ¾ kopp)
1-2 serrano chili, kärnade och tunt skivade om så önskas (se dricks)
½ kopp lätt packad färsk koriander, hackad
1 recept Mango-lime salladsdressing (se recept)

1. Tina pilgrimsmusslorna och räkorna om de är frysta. Skär pilgrimsmusslorna på mitten horisontellt. Skala, skär räkorna på mitten horisontellt. Skölj pilgrimsmusslor och räkor; torka med en pappershandduk. Fyll en stor gryta till tre fjärdedelar med vatten. Koka upp. Lägg till räkor och pilgrimsmusslor; koka 3 till 4 minuter eller tills räkor och pilgrimsmusslor är ogenomskinliga; rinna av och skölj med kallt vatten för att svalna snabbt. Häll av väl och ställ åt sidan.

2. I en mycket stor skål, kombinera melon, mango, fänkål, paprika, serrano chili och koriander. Tillsätt mango-lime salladsdressing; släng försiktigt in i jackan. Rör försiktigt

ner de kokta räkorna och pilgrimsmusslorna. Marinera i
kylen i 30-60 minuter innan servering.

JAMAICANSKA RÄKOR MED AVOKADOOLJA

FRÅN BÖRJAN TILL SLUT:Tillagning: 4 portioner på 20 minuter

OM DU HAR TOTALT 20 MINUTER PÅ BORDET,DEN HÄR RÄTTEN ÄR YTTERLIGARE EN ÖVERTYGANDE ANLEDNING ATT ÄTA EN HÄLSOSAM MÅLTID HEMMA, ÄVEN PÅ HEKTISKA KVÄLLAR.

1 kilo färska eller frysta medelstora räkor
1 kopp hackad, skalad mango (1 medium)
⅓ kopp tunt skivad rödlök, skivad
¼ kopp hackad färsk koriander
1 msk färsk limejuice
2-3 matskedar Jamaican Jerk-krydda (se recept)
1 msk extra virgin olivolja
2 matskedar avokadoolja

1. Tina räkorna om de är frysta. Blanda mango, lök, koriander och limejuice i en medelstor skål.

2. Skala och ta bort räkorna. Skölj räkor; torka med en pappershandduk. Lägg räkorna i en medelstor skål. Strö över Jamaican Jerk krydda; kasta för att täcka räkor på alla sidor.

3. Hetta upp oliveoljan i en stor non-stick panna på medelvärme. Lägg till räkor; koka och rör om i cirka 4 minuter eller tills den är ogenomskinlig. Ringla räkorna med avokadoolja och servera med mangoblandningen.

SCAMPI RÄKOR MED VISSEN SPENAT OCH RADICCHIO

FÖRBEREDELSE: 15 minuter Gräddningstid: 8 minuter Tillagningstid: 3 portioner

"SCAMPI" SYFTAR PÅ EN KLASSISK RESTAURANGRÄTTSTORA RÄKOR STEKTA ELLER STEKTA I SMÖR OCH MYCKET VITLÖK OCH CITRON. DENNA KRYDDIGA OLIVOLJA VERSION ÄR PALEO-GODKÄND, OCH NÄRINGSVÄRDET FÖRSTÄRKS AV SNABBMATAD RADICCHIO OCH SPENAT.

- 1 kilo färska eller frysta stora räkor
- 4 matskedar extra virgin olivolja
- 6 vitlöksklyftor, hackade
- ½ tsk svartpeppar
- ¼ kopp torrt vitt vin
- ½ kopp hackad färsk persilja
- ½ huvud radicchio, kärnade och tunt skivad
- ½ tsk krossad röd paprika
- 9 koppar babyspenat
- Citronskivor

1. Tina räkorna om de är frysta. Skala och hacka räkorna, lämna svansen intakt. Värm 2 matskedar olivolja i en stor stekpanna på medelvärme. Tillsätt räkorna, 4 hackade vitlöksklyftor och svartpeppar. Koka och rör om i cirka 3 minuter eller tills räkorna är ogenomskinliga. Överför räkblandningen till en skål.

2. Tillsätt vitt vin i pannan. Koka under omrörning för att frigöra den bruna vitlöken från botten av grytan. Häll vin över räkor; kasta att kombinera. Rör ner persiljan. Täck löst med folie för att hålla värmen; Lägg åtsidan.

3. Tillsätt de återstående 2 msk olivolja, de återstående 2 hackade vitlöksklyftorna, radicchio och krossad röd paprika i pannan. Koka och rör om på medelvärme i 3 minuter eller tills radicchion börjar vissna. Rör försiktigt ner spenaten; koka och rör om i ytterligare 1-2 minuter eller tills spenaten precis vissnat.

4. För att servera, dela upp spenatblandningen i tre serveringsfat. toppa med räkblandning. Servera med citronklyftor för att pressa över räkor och grönsaker.

KRABBSALLAD MED AVOKADO, GRAPEFRUKT OCH JICAMA

FRÅN BÖRJAN TILL SLUT:Tillagning: 4 portioner på 30 minuter

JUMBOSKUREN ELLER LÄNDKÖTT ÄR BÄSTFÖR DENNA SALLAD. JUMBO LUMP CRABMEAT BESTÅR AV STORA BITAR SOM PASSAR BRA TILL SALLADER. BACKFIN ÄR EN BLANDNING AV BITAR AV KRABBKÖTT OCH MINDRE BITAR AV POCKET CRAB MEAT. ÄVEN OM DEN ÄR MINDRE ÄN EN STOR KRABBA FUNGERAR DEN BAKRE FENAN BRA. FÄRSK ÄR FÖRSTÅS BÄST, MEN TINAD FRYST KRABBA ÄR ETT BRA VAL.

6 koppar babyspenat

½ medelstor jicama, skalad och skuren*

2 rosa eller rubingrapefrukter, skalade, kärnade och hackade**

2 små avokado, halverade

1 pund jumbo- eller ländbiff

Basilika-grapefruktsås (se receptet till höger)

1. Dela spenaten mellan fyra serveringsfat. Tillsätt jicama, grapefruktsegment och ackumulerad juice, avokado och krabbkött. Häll över basilika-grapefruktsåsen.

Basilika-grapefruktdressing: Blanda ⅓ kopp extra virgin olivolja i ett skruvlock; ¼ kopp färsk grapefruktjuice; 2 matskedar färsk apelsinjuice; ½ liten schalottenlök, hackad; 2 matskedar hackad färsk basilika; ¼ tesked krossad röd paprika; och ¼ tesked svartpeppar. Täck och skaka väl.

*Tips: Juliennes skalare skär snabbt jicama i tunna strimlor.

**Tips: Skär en grapefrukt genom att skära en skiva från stjälkens ände och botten av frukten. Placera den vertikalt på arbetsytan. Skär frukten i sektioner uppifrån och ned, följ fruktens runda form för att ta bort skalet i strimlor. Håll frukten över en skål och använd en skalkniv för att skära från kanterna på varje skiva till mitten av frukten för att frigöra den från fröna. Lägg bitarna i en skål med den samlade saften. Kasta inte ludet.

CAJUN LOBSTER TAIL CHOWDER MED DRAGON AÏLO

FÖRBEREDELSE: 20 minuter Baka: 30 minuter Gör: 4 portioner BILD

FÖR EN ROMANTISK MIDDAG FÖR TVÅ DETTA RECEPT ÄR LÄTT ATT HALVERA. SKÄR UPP SKALET PÅ HUMMERSVANSEN MED EN MYCKET VASS KÖKSSAX FÖR ATT AVSLÖJA DEN RIKA SMAKEN.

- 2 recept Cajun-krydda (se recept)
- 12 vitlöksklyftor, skalade och delade
- 2 citroner, halverade
- 2 stora morötter, skalade
- 2 stjälkar selleri, skalade
- 2 tunt skivade fänkålslökar
- 1 kilo hel knappsvamp
- 4 7-8 oz Maine hummerstjärtar
- 4 8-tums bambupinnar
- ½ kopp Paleo Aïoli (Vitlöksmayo) (se recept)
- ¼ kopp Dijon-liknande senap (se recept)
- 2 matskedar hackad färsk dragon eller persilja

1. Kombinera 6 dl vatten, Cajun-krydda, vitlök och citroner i en 8-liters gryta. Vattenkokare; koka i 5 minuter. Sänk värmen för att få vätskan att koka upp.

2. Skär moroten och sellerin på tvären i fyra delar. Tillsätt morot, selleri och fänkål i vätskan. Täck över och koka i 10 minuter. Mer svamp; täck och koka i 5 minuter. Överför grönsakerna med en sked till ett serveringsfat; hålla värmen.

3. Börja vid bakänden av varje hummer, stick in spetten mellan köttet och skalet, nästan hela vägen genom svansändan. (Detta kommer att förhindra att svansen krullas under matlagning.) Minska värmen. Koka hummerstjärtar i en kastrull med knappt sjudande vätska i 8 till 12 minuter, eller tills skalen blir klarröda när de sticks hål på dem och köttet är mört. Ta bort hummern från kokvätskan. Använd en kökshandduk för att svansa hummern och ta bort och kassera.

4. Blanda Paleo Aïoli, senap i dijonstil och dragon i en liten skål. Servera med hummer och grönsaker.

MUSSLOR STEKTA MED SAFFRAN AÏOL

FRÅN BÖRJAN TILL SLUT: 1¼ TIMMAR GÖR: 4 PORTIONER

DET ÄR EN PALEOVERSION AV EN FRANSK KLASSIKERMUSSLOR OCH ÖRTER ÅNGADE I VITT VIN SERVERAS MED TUNNA OCH KRISPIGA POMMES FRITES GJORDA PÅ VIT POTATIS. KASSERA MUSSLOR SOM INTE STÄNGER FÖRE TILLAGNING OCH MUSSLOR SOM INTE ÖPPNAR SIG EFTER TILLAGNING.

PALSTERNACKAPOTATIS
1½ pund palsternacka, skalad och skuren i 3 x ¼-tums julienne-remsor

3 matskedar olivolja

2 vitlöksklyftor, hackade

¼ tsk svartpeppar

⅛ tesked cayennepeppar

SAFFRAN AÏOLI
⅓ kopp Paleo Aïoli (Vitlöksmayo) (se recept)

⅛ tesked saffranstrådar, fint krossade

MUSSLOR
4 matskedar olivolja

½ dl hackad schalottenlök

6 vitlöksklyftor, hackade

¼ tsk svartpeppar

3 koppar torrt vitt vin

3 stora kvistar platt bladpersilja

4 kilo musslor, rensade och putsade*

¼ kopp hackad färsk italiensk (plattbladig) persilja

2 msk hackad färsk dragon (valfritt)

1. Värm ugnen till 450°F för pannor med palsternacka. Blötlägg den skurna palsternackan i kallt vatten för att

täcka dem i kylen i 30 minuter; låt rinna av och torka med hushållspapper.

2. Klä en stor bakplåt med bakplåtspapper. Lägg palsternackan i en mycket stor skål. Blanda i en liten skål 3 msk olivolja, 2 hackade vitlöksklyftor, ¼ tesked svartpeppar och cayennepeppar; strö över palsternackan och blanda. Bred ut palsternackan i ett jämnt lager på den förberedda bakplåten. Grädda i 30-35 minuter eller tills de är mjuka och börjar få färg, rör om då och då.

3. Till aioli, blanda Paleo Aïoli och saffran i en liten skål. Täck över och kyl till servering.

4. Värm under tiden 4 matskedar olivolja i en 6- till 8-liters kastrull eller holländsk ugn på medelvärme. Tillsätt schalottenlök, 6 vitlöksklyftor och ¼ tesked svartpeppar; koka i cirka 2 minuter eller tills de är mjuka och vissnade, rör om ofta.

5. Tillsätt vin och persiljekvistar i grytan; Koka upp. Tillsätt musslorna, rör om några gånger. Täck ordentligt och ånga i 3-5 minuter eller tills skalen öppnar sig, rör försiktigt två gånger. Kassera musslor som inte öppnar sig.

6. Använd ett stort skal och överför musslorna till grunda kokkärl. Ta bort och kassera persiljekvistar från matlagningsvätskan; häll kokvätskan över musslorna. Om så önskas, strö över hackad persilja och dragon. Servera genast med palsternackafrites och saffransaïoli.

*Tips: koka musslorna på köpdagen. Om du använder vildskördade musslor, blötlägg dem i en skål med kallt vatten i 20 minuter för att skölja ur sanden och gruset.

(Detta är inte nödvändigt för gårdsuppfödda musslor.) Rengör musslorna en i taget med en styv borste under rinnande kallt vatten. Musslor ca 10-15 minuter innan tillagning. Ett skägg är en liten samling fibrer som sticker ut från barken. Ta bort skägget genom att ta tag i det mellan tummen och pekfingret och dra mot gångjärnet. (Denna metod dödar inte musslan.) Du kan också använda tång eller fiskpincett. Se till att varje musslskal är tätt stängt. Om skalen är öppna, slå dem lätt mot bänken. Kassera musslor som inte stängs inom några minuter. Kassera musslor med spruckna eller skadade skal.

STEKT PILGRIMSMUSSLOR MED RÖDBETSSMAK

FRÅN BÖRJAN TILL SLUT:Tillagning: 4 portioner på 30 minuterBILD

FÖR ATT FÅ EN VACKER GYLLENE SKORPA,SE TILL ATT YTAN PÅ PILGRIMSMUSSLORNA ÄR RIKTIGT TORR OCH PANNAN ÄR FIN OCH VARM INNAN DU LÄGGER DEM I PANNAN. LÅT ÄVEN PILGRIMSMUSSLORNA KOKA I 2-3 MINUTER UTAN ATT RÖRA OM OCH KOLLA NOGA INNAN DU VÄNDER.

1 kilo färska eller frysta pilgrimsmusslor, torka av med hushållspapper

3 medelstora rödbetor, skalade och hackade

½ Granny Smith-äpple, skalat och tärnat

2 jalapeños, stjälkar, frön och hackade (se_dricks_)

¼ kopp hackad färsk koriander

2 matskedar hackad rödlök

4 matskedar olivolja

2 msk färsk limejuice

vitpeppar

1. Tina pilgrimsmusslorna om de är frysta.

2. Kombinera rödbetor, äpple, jalapeños, koriander, lök, 2 msk olivolja och limejuice i en medelstor skål. Blanda väl. Ställ åt sidan medan du förbereder pilgrimsmusslorna.

3. Skölj pilgrimsmusslorna; torka med en pappershandduk. Värm de återstående 2 msk olivolja i en stor stekpanna på medelvärme. Lägg till pilgrimsmusslor; grädda i 4-6 minuter eller tills toppen är gyllenbrun och knappt ogenomskinlig. Strö över pilgrimsmusslorna lätt med vitpeppar.

4. För att servera, fördela betkryddan jämnt på serveringsfat.
toppad med pilgrimsmusslor. Servera omedelbart.

GRILLADE PILGRIMSMUSSLOR MED GURKA OCH DILLSALSA

FÖRBEREDELSE:35 minuter kylning: 1-24 timmar grillning: 9 minuter gör: 4 portioner

HÄR ÄR ETT TIPS FÖR DE MEST FELFRIA AVOKADON:KÖP DEM NÄR DE ÄR KNALLGRÖNA OCH FASTA, KOKA DEM SEDAN PÅ BÄNKEN I NÅGRA DAGAR — TILLS DE GER SIG LITE NÄR DU TRYCKER LÄTT PÅ DEM MED FINGRARNA. OM DE ÄR HÅRDA OCH MOGNA BLIR DE INTE BRUNA UNDER TRANSPORT FRÅN MARKNADEN.

- 12 eller 16 färska eller frysta pilgrimsmusslor (1¼ till 1¾ pund totalt)
- ¼ kopp olivolja
- 4 vitlöksklyftor, hackade
- 1 tsk nymalen svartpeppar
- 2 medelstora zucchini, skurna och halverade på längden
- ½ medelstor gurka, halverad på längden och tunt skivad tvärsöver
- 1 medelstor avokado, halverad, urkärnad, skalad och tärnad
- 1 medelstor tomat, kärnad och hackad
- 2 tsk hackad färsk mynta
- 1 tsk hackad färsk dill

1. Tina pilgrimsmusslorna om de är frysta. Skölj pilgrimsmusslorna i kallt vatten; torka med en pappershandduk. I en stor skål, kombinera 3 matskedar olja, vitlök och ¾ tesked peppar. Lägg till pilgrimsmusslor; släng försiktigt in i jackan. Täck över och ställ i kylen i minst 1 timme eller upp till 24 timmar, rör om då och då.

2. Pensla zucchinihalvorna med resterande 1 msk olja; strö jämnt över återstående ¼ tesked peppar.

3. Låt pilgrimsmusslorna rinna av, släng marinaden. Trä två 10- till 12-tums stavar genom varje pilgrimsmussla, använd 3 eller 4 pilgrimsmusslor per par stavar, lämna ½ tum utrymme mellan pilgrimsmusslorna.* (Att trä pilgrimsmusslorna på två stavar hjälper till att hålla dem stabila vid grillning och vändning.)

4. För en kol- eller gasgrill, placera pilgrimsmusslan och zucchinihalvorna på grillgallret direkt på medelhög värme.** Täck över och grilla tills pilgrimsmusslorna är ogenomskinliga och zucchinin precis mjuka, vänd halvorna medan du grillar. Ge pilgrimsmusslorna 6-8 minuter och zucchinin 9-11 minuter.

5. Under tiden, för salsan, blanda gurka, avokado, tomat, mynta och dill i en medelstor skål. Rör försiktigt för att blanda. Lägg 1 pilgrimsmussla på var och en av 4 serveringsfat. Skär zucchinihalvorna diagonalt och lägg på tallrikarna med pilgrimsmusslorna. Skeda gurkblandningen jämnt över pilgrimsmusslorna.

*Tips: Om du använder träspett, blötlägg tillräckligt med vatten för att täcka dem 30 minuter före användning.

**Bakning: Förbered enligt steg 3. Placera pilgrimsmusslan och zucchinihalvorna på det ouppvärmda gallret i broilerpannan. Stek 4 till 5 tum från värme tills pilgrimsmusslor är ogenomskinliga och zucchini är mör, vänd halvvägs genom tillagningen. Ge pilgrimsmusslorna 6-8 minuter och zucchinin 10-12 minuter.

STEKT PILGRIMSMUSSLOR MED TOMAT, OLIVOLJA OCH ÖRTSÅS

FÖRBEREDELSE: 20 minuter Gräddningstid: 4 minuter Tillagningstid: 4 portioner

DRESSINGEN ÄR NÄSTAN SOM EN VARM VINÄGRETT. OLIVOLJA, HACKAD FÄRSK TOMAT, CITRONSAFT OCH ÖRTER KOMBINERAS OCH VÄRMS FÖRSIKTIGT UPP – PRECIS TILLRÄCKLIGT FÖR ATT SMÄLTA SMAKERNA – OCH SERVERAS MED BRUNA PILGRIMSMUSSLOR OCH EN KRISPIG SOLROSSALLAD.

PILGRIMSMUSSLOR OCH SÅS

1-1½ kilo stora färska eller frysta pilgrimsmusslor (ca 12)

2 stora romska tomater, skalade,* kärnade och hackade

½ kopp olivolja

2 matskedar färsk citronsaft

2 matskedar hackad färsk basilika

1-2 tsk hackad gräslök

1 matsked olivolja

SALLAD

4 koppar solrosgroddar

1 citron, skuren i skivor

Extra virgin olivolja

1. Tina pilgrimsmusslorna om de är frysta. Skölj pilgrimsmusslor; torr. Åt sidan.

2. För såsen, kombinera tomaterna, ½ kopp olivolja, citronsaft, basilika och gräslök i en liten kastrull; Lägg åtsidan.

3. Värm 1 msk olivolja i en stor stekpanna på medelvärme. Lägg till pilgrimsmusslor; koka 4 till 5 minuter eller tills

de är bruna och ogenomskinliga, vänd halvvägs genom tillagningen.

4. Lägg groddarna till salladen i ett serveringsfat. Pressa citronskivor över groddarna och ringla lite olivolja ovanpå. Kasta för att ansluta.

5. Värm såsen på låg värme; koka inte. Skeda lite av såsen i mitten av tallriken; Toppa med 3 pilgrimsmusslor. Servera med groddsallad.

*Tips: Skala tomaterna enkelt genom att släppa tomaten i kokande vatten i 30 sekunder till 1 minut eller tills skalet börjar spricka. Ta bort tomaten från kokvattnet och kasta omedelbart ner i en skål med isvatten för att stoppa tillagningen. När tomaten är sval nog att hantera, skala av skalet.

KUMMINROSTAD BLOMKÅL MED FÄNKÅL OCH PÄRLLÖK

FÖRBEREDELSE:15 minuter Tillagningstid: 25 minuter Gör: 4 portioner<u>BILD</u>

DET ÄR NÅGOT SÄRSKILT ATTRAKTIVT MED DETFRÅN KOMBINATIONEN AV DEN JORDNÄRA SMAKEN AV ROSTAD BLOMKÅL OCH SPISKUMMIN. DENNA MATRÄTT INNEHÅLLER SÖTMAN FRÅN TORKADE VINBÄR. OM DU VILL KAN DU LÄGGA TILL LITE VÄRME I STEG 2 MED ¼-½ TSK KROSSAD RÖD PAPRIKA OCH SPISKUMMIN OCH VINBÄR.

- 3 matskedar oraffinerad kokosolja
- 1 medelstor blomkål, skuren i buketter (4-5 koppar)
- 2 fänkålshuvuden, grovt hackade
- 1½ dl fryst pärllök, tinad och avrunnen
- ¼ kopp torkade russin
- 2 tsk malda spiskumminfrön
- Hackad färsk dill (valfritt)

1. Hetta upp kokosoljan i en mycket stor panna på medelvärme. Tillsätt blomkålen, fänkålen och pärllöken. Täck över och koka i 15 minuter, rör om då och då.

2. Sänk värmen till medel-låg. Lägg till vinbär och spiskummin i pannan; koka utan lock i cirka 10 minuter eller tills blomkålen och fänkålen är mjuka och gyllenbruna. Garnera med dill om du vill.

TJOCK TOMAT-AUBERGINESÅS MED SPAGHETTI SQUASH

FÖRBEREDELSE: 30 minuter bakning: 50 minuter kylning: 10 minuter bakning: 10 minuter förberedelse: 4 portioner

DENNA GODA TILLBEHÖR ÄR LÄTT ATT VISPA IHOPSOM HUVUDRÄTT. TILLSÄTT CA 1 KILO KOKT NÖTKÖTT ELLER BISON I AUBERGINE-TOMATBLANDNINGEN EFTER ATT DU HAR MOSAT DEN LÄTT MED POTATISMOS.

- 1 2-2½ kilo spaghetti squash
- 2 matskedar olivolja
- 1 kopp hackad, skalad aubergine
- ¾ kopp hackad lök
- 1 liten röd paprika, hackad (½ kopp)
- 4 vitlöksklyftor, hackade
- 4 medelmogna röda tomater, skalade och grovt hackade om så önskas (ca 2 koppar)
- ½ kopp riven färsk basilika

1. Värm ugnen till 375°F. Klä en liten ugnsform med bakplåtspapper. Dela spaghetti squash på tvären. Använd en stor sked för att skrapa ur alla frön och trådar. Lägg pumpahalvorna, med skurna sidan nedåt, på den förberedda bakplåten. Grädda utan lock i 50-60 minuter eller tills pumpan är genomstekt. Kyl på galler i ca 10 minuter.

2. Värm under tiden olivolja i en stor panna på medelvärme. Tillsätt lök, aubergine och peppar; koka i 5-7 minuter eller tills grönsakerna är mjuka, rör om då och då. Tillsätt vitlök; koka och rör om i ytterligare 30 sekunder. Tillsätt tomaterna; koka 3 till 5 minuter eller tills tomaterna har

mjuknat, rör om då och då. Mosa blandningen lätt genom att mosa potatis. Rör ner hälften av basilikan. Täck över och koka i 2 minuter.

3. Använd en grytlapp eller handduk för att hålla pumpahalvorna. Använd en gaffel och skrapa pumpaköttet i en medelstor skål. Dela pumpan mellan fyra serveringsfat. Toppa jämnt med såsen. Strö över resten av basilikan.

FYLLDA PORTOBELLOSVAMPAR

FÖRBEREDELSE:35 minuter att laga mat: 20 minuter att laga mat: 7 minuter Gör: 4 portioner

FÖR DE FÄRSKASTE PORTOBELLOS,LETA EFTER SVAMPAR MED STJÄLKARNA FORTFARANDE INTAKTA. ÄNDARNA SKA SE FUKTIGA UT, MEN INTE BLÖTA ELLER SVARTA, MED ETT BRA MELLANRUM MELLAN DEM. NÄR DU VILL FÖRBEREDA ALLA SORTERS SVAMPAR FÖR MATLAGNING, TORKA AV DEM MED EN LÄTT FUKTIG PAPPERSHANDDUK. DOPPA ELLER BLÖT ALDRIG SVAMP I VATTEN - DE ABSORBERAR BRA OCH BLIR KLIBBIGA OCH VATTNIGA.

- 4 stora portobellosvampar (cirka 1 kilo totalt)
- ¼ kopp olivolja
- 1 matsked rökarom (se recept)
- 2 matskedar olivolja
- ½ dl hackad schalottenlök
- 1 matsked hackad vitlök
- 1 pund mangold, skakad och hackad (cirka 10 koppar)
- 2 teskedar medelhavskrydda (se recept)
- ½ dl hackade rädisor

1. Värm ugnen till 400°F. Ta bort stjälkarna från svampen och reservera dem för steg 2. Skrapa bort gälarna från locket med spetsen på en sked; förkasta gälarna. Placera svamplocken i en 3-quart rektangulär ugnsform; borsta båda sidorna av svampen med ¼ kopp olivolja. Vänd på svamplocken så att stjälkkanterna är uppåt; strö över rökkrydda. Täck ugnsformen med folie. Grädda under lock i ca 20 minuter eller tills de är genomstekta.

2. Hacka under tiden de reserverade svampstjälkarna; Lägg åtsidan. För mangold, ta bort de tjocka revbenen från bladen och kassera. Hacka mangoldbladen grovt.

3. Värm 2 msk olivolja i en mycket stor stekpanna på medelvärme. Tillsätt schalottenlök och vitlök; koka och rör om i 30 sekunder. Tillsätt hackade svampstjälkar, hackad mangold och medelhavskryddor. Koka utan lock i 6-8 minuter eller tills mangoldet är mjukt, rör om då och då.

4. Fördela mangoldblandningen mellan svamphatten. Häll resterande vätska i ugnsformen över den fyllda svampen. Toppa med hackad rädisa.

ROSTAD RADICCHIO

FÖRBEREDELSE: 20 minuter gräddningstid: 15 minuter Gör: 4 portioner

RADICCHIO ÄTS OFTAST SOM EN DEL AV EN SALLAD FÖR ATT GE GRÖNSAKERNA EN FIN BESKA, MEN DEN KAN ÄVEN STEKAS ELLER GRILLAS SOM DEN ÄR. LITE BITTERHET ÄR TYPISKT FÖR RADICCHIO, MEN MAN VILL INTE ATT DET SKA VARA ÖVERMÄKTIGT. LETA EFTER MINDRE HUVUDEN MED BLAD SOM SER FRÄSCHA OCH KRISPIGA UT – INTE VISSNADE. DEN SKURNA ÄNDEN KAN VARA NÅGOT BRUN, MEN SKA VARA MEST VIT. I DET HÄR RECEPTET TILLFÖR EN SKVÄTT BALSAMVINÄGER INNAN SERVERING EN TOUCH AV SÖTMA.

- 2 stora huvuden av radicchio
- ¼ kopp olivolja
- 1 tesked medelhavskrydda (se <u>recept</u>)
- ¼ kopp balsamvinäger

1. Värm ugnen till 400°F. Dela radicchio i kvarta och lämna kvar lite av kärnan (du bör ha 8 skivor). Pensla de skurna sidorna av radicchioskivorna med olivolja. Lägg skivorna med den skurna sidan nedåt på en bakplåt; strö över medelhavskrydda.

2. Grädda i ca 15 minuter eller tills radicchion vissnat, vänd en gång halvvägs. Lägg upp radicchion på ett serveringsfat. Ringla över balsamvinäger; servera omedelbart.

ROSTAD FÄNKÅL MED APELSINVINÄGRETT

FÖRBEREDELSE: 25 minuter bakning: 25 minuter gör: 4 portioner

SPARA EXTRA VINÄGRETT ATT KASTAMED SALLAD ELLER SERVERA TILL GRILLAT FLÄSK, FÅGEL ELLER FISK. FÖRVARA ÖVERBLIVEN VINÄGRETT I EN TÄTTSLUTEN BEHÅLLARE I KYLEN I UPP TILL 3 DAGAR.

6 matskedar extra virgin olivolja och mer för borstning

1 stor fänkålslök, putsad, urkärnad och skivad (reservera blad för garnering om så önskas)

1 rödlök, skivad

½ apelsin tunt skivad

½ kopp apelsinjuice

2 msk vitvinäger eller champagnevinäger

2 msk äppelcider

1 tsk malda fänkålsfrön

1 tsk hackat apelsinskal

½ tsk Dijon-liknande senap (se recept)

Svartpeppar

1. Värm ugnen till 425°F. Smörj en stor bakplåt lätt med olivolja. Lägg fänkål, lök och apelsinskivor på ett bakplåtspapper; ringla över 2 matskedar olivolja. Kasta grönsakerna lätt i oljan för att täcka.

2. Rosta grönsakerna i 25-30 minuter eller tills grönsakerna är mjuka och ljust gyllenbruna, vänd halvvägs.

3. Under tiden, för apelsinvinägretten, kombinera apelsinjuice, vinäger, äppelcider, fänkålsfrön, apelsinskal, senap i Dijon-stil och peppar efter smak i en mixer. Med mixern

igång, tillsätt långsamt de återstående 4 matskedar olivolja i en tunn stråle. Fortsätt att röra tills vinägretten tjocknar.

4. Lägg grönsakerna på ett serveringsfat. Ringla vinägretten över grönsakerna. Garnera med reserverade fänkålsblad om så önskas.

SAVOYKÅL I PUNJABI-STIL

FÖRBEREDELSE:20 minuter gräddningstid: 25 minuter Gör: 4 portionerBILD

DET ÄR FANTASTISKT VAD SOM HÄNDERMILD SMAKSATT, ÖDMJUK KÅL MED INGEFÄRA, VITLÖK, CHILI OCH INDISKA KRYDDOR. ROSTAD SENAP, KORIANDER OCH SPISKUMMIN GER DENNA RÄTT BÅDE SMAK OCH CRUNCH. VARNING: DET ÄR VARMT! FÅGELNÄBBCHILIN ÄR SMÅ MEN VÄLDIGT KRAFTFULLA – OCH DET FINNS ÄVEN JALAPEÑO I RÄTTEN. OM DU VILL HA MINDRE VÄRME, ANVÄND BARA JALAPEÑO.

1 2-tums knopp färsk ingefära, skalad och skuren i ½-tums skivor

5 vitlöksklyftor

1 stor jalapeño, skakad, kärnad och halverad (sedricks)

2 tsk osaltad garam masala

1 tsk mald gurkmeja

½ kopp kycklingbensbuljong (serecept) eller kycklingbuljong utan salt

3 matskedar raffinerad kokosolja

1 msk svarta senapsfrön

1 tsk korianderfrön

1 tsk spiskummin

1 hel fågelnäbb chile (chile de arbol) (sedricks)

1 3-tums kanelstång

2 koppar tunt skivad gul lök (ca 2 medelstora)

12 koppar tunt skivad surkål, urkärnad (cirka 1½ pund)

½ kopp hackad färsk koriander (valfritt)

1. Kombinera ingefära, vitlök, jalapeño, garam masala, gurkmeja och ¼ kopp kycklingbensbuljong i en matberedare eller mixer. Täck och bearbeta eller blanda tills det är slätt; Lägg åtsidan.

2. Blanda i en mycket stor kastrull kokosolja, senapsfrö, korianderfrön, spiskummin, chili och kanelstång. Stek i en panna på medelhög värme, skaka ofta, i 2-3 minuter eller tills kanelstången rullar upp sig. (Var försiktig – senapsfrön kommer att poppa och stänka när de tillagas.) Tillsätt lök; koka och rör om i 5-6 minuter eller tills löken är ljusbrun. Tillsätt ingefärsblandningen. Koka i 6-8 minuter eller tills blandningen är fint karamelliserad, rör om ofta.

3. Tillsätt kålen och resten av benbuljongen; Blanda väl. Täck över och koka i cirka 15 minuter eller tills kålen är mjuk, rör om två gånger. Öppna pannan. Koka och rör om i 6-7 minuter eller tills kålen är lätt brynt och överflödig kycklingbensbuljong har avdunstat.

4. Ta bort och släng kanelstången och chilin. Strö över koriander om så önskas.

PUMPA ROSTAD MED KANEL

FÖRBEREDELSE: 20 minuter   Stekt: 30 minuter   Gör: 4-6 portioner

LITE CAYENNEPEPPARLÄGG BARA TILL LITE VÄRME TILL DESSA SÖTROSTADE PUMPAKUBER. DET ÄR LÄTT ATT UTELÄMNA OM SÅ ÖNSKAS. SERVERA DENNA ENKLA SIDA MED HELSTEKT FLÄSK ELLER FLÄSKKOTLETTER.

- 1 pumpa (ca 2 pund), skalad, kärnade och skuren i ¾-tums kuber
- 2 matskedar olivolja
- ½ tsk mald kanel
- ¼ tsk svartpeppar
- ⅛ tesked cayennepeppar

1. Värm ugnen till 400°F. Blanda pumpan med olivolja, kanel, svartpeppar och cayennepeppar i en stor skål. Klä en stor kantad bakplåt med bakplåtspapper. Bred ut pumpan på bakplåten i ett enda lager.

2. Grädda i 30-35 minuter eller tills pumpan är mjuk och fått färg i kanterna, rör om en eller två gånger.

STEKT SPARRIS MED ETT POCHERAT ÄGG OCH PEKANNÖTTER

FRÅN BÖRJAN TILL SLUT:Tillagning: 4 portioner på 15 minuter

DET ÄR EN KLASSIKEREN FRANSK GRÖNSAKSRÄTT SOM HETER ASPARAGUS MIMOSA - SÅ HETER DET EFTERSOM DET GRÖNA, VITA OCH GULA I DEN FÄRDIGA RÄTTEN SER UT SOM BLOMMAN MED SAMMA NAMN.

1 pund färsk sparris, skuren
5 matskedar rostad vitlöksvinägrett (se recept)
1 hårdkokt ägg, skalat
3 msk hackade pekannötter, rostade (se dricks)
Nymalen svartpeppar

1. Placera ugnsgaller 4 tum från värmeelementet; Förvärm broilern till hög.

2. Bred ut sparrisen på en plåt täckt med bakplåtspapper. Ringla över 2 matskedar av den rostade vitlöksvinägretten. Rulla sparrisen med händerna i vinägretten för att täcka. Sjud i 3-5 minuter eller tills den är blåsig och mjuk, vänd sparrisen varje minut. Överför till ett serveringsfat.

3. Skär ägget på mitten; tryck ut ägget genom en sil ovanpå sparrisen. (Du kan också riva ägget med de stora hålen på rivjärnet.) Ringla de återstående 3 msk rostad vitlöksvinägrett över sparris och ägg. Toppa med pekannötter och strö över peppar.

CRISP COLESLAW MED RÄDISA, MANGO OCH MYNTA

FRÅN BÖRJAN TILL SLUT: Tillagning: 6 portioner på 20 minuter BILD

3 matskedar färsk citronsaft
¼ tesked cayennepeppar
¼ tesked mald spiskummin
¼ kopp olivolja
4 koppar strimlad vitkål
1½ dl mycket tunt skivade rädisor
1 kopp tärnad mogen mango
½ kopp vitlök, skivad diagonalt
⅓ kopp hackad färsk mynta

1. Till såsen, blanda citronsaft, cayennepeppar och malen spiskummin i en stor skål. Vispa olivoljan i en tunn remsa.

2. Tillsätt kål, rädisa, mango, salladslök och mynta i såsen i en skål. Rör om väl för att blanda.

ROSTAD KÅL VIRVLAR MED SPISKUMMIN OCH CITRON

FÖRBEREDELSE: 10 minuter   Stekt: 30 minuter   Gör: 4-6 portioner

3 matskedar olivolja
1 medelstor kålhuvud, skuren i 1-tums rundor
2 tsk senap i Dijon-stil (se recept)
1 tsk hackat citronskal
¼ tsk svartpeppar
1 tsk spiskummin
Citronskivor

1. Värm ugnen till 400°F. Smörj en stor kantad bakplåt med 1 msk olivolja. Lägg kålringarna på en bakplåt; Lägg åtsidan.

2. Vispa ihop de återstående 2 msk olivolja, senap i Dijon-stil och citronskal i en liten skål. Bred ut kålbitarna på plåten och se till att senapen och citronskalet är jämnt fördelat. Strö peppar och spiskummin ovanpå.

3. Grädda i 30-35 minuter eller tills kålen är kokt och kanterna är gyllenbruna. Servera med citronklyftor att pressa över kålen.

ROSTAD VITKÅL MED APELSIN-BALSAMICO KIKÄRTER

FÖRBEREDELSE: 15 minuter Stekt: 30 minuter Gör: 4 portioner

3 matskedar olivolja
1 litet kålhuvud, kärna ur och skär i 8 skivor
½ tsk svartpeppar
⅓ kopp balsamvinäger
2 tsk hackat apelsinskal

1. Värm ugnen till 450°F. Smörj en stor kantad bakplåt med 1 msk olivolja. Bred ut kålskivorna på en plåt. Pensla kålen med de återstående 2 msk olivolja och strö över peppar.

2. Rosta kålen i 15 minuter. Vänd på kålskivorna; grädda i ytterligare 15 minuter eller tills kålen är kokt och kanterna är gyllenbruna.

3. Blanda balsamvinäger och apelsinskal i en liten kastrull. Koka upp på medelvärme; minska. Sjud under lock i cirka 4 minuter eller tills den reducerats till hälften. Ringla över rostade kålskivor; servera omedelbart.

BRÄSERAD KÅL MED KRÄMIG DILLSÅS OCH ROSTADE VALNÖTTER

FÖRBEREDELSE: 20 minuter Baka: 40 minuter Gör: 6 portioner

3 matskedar olivolja
1 schalottenlök, finhackad
1 liten grönkål, skuren i 6 klyftor
½ tsk svartpeppar
1 dl kycklingbuljong (se recept) eller kycklingbuljong utan salt
¾ kopp cashewnötter (se recept)
4 teskedar hackat citronskal
4 teskedar hackad färsk dill
1 msk finhackad vårlök
¼ kopp hackade valnötter, rostade (se dricks)

1. Hetta upp olivoljan i en mycket stor panna på medelvärme. Lägg till schalottenlök; koka 2-3 minuter eller tills den är genomstekt och lätt brynt. Lägg i kålskivorna i pannan. Grädda utan lock i 10 minuter eller tills de har fått lite färg på båda sidor, vänd en gång halvvägs genom tillagningen. Strö peppar ovanpå.

2. Tillsätt kycklingbensbuljongen i pannan. Vattenkokare; Sänk värmen. Täck över och låt sjuda i 25-30 minuter eller tills kålen är mjuk.

3. Blanda under tiden den krämiga dillsåsen i en liten skål med cashewnötterna, citronskalet, dillen och löken.

4. Lägg kålskivor på serveringsfat att servera; ringla över pannsaft. Häll över dillsåsen och strö över rostade valnötter.

STEKT GRÖNKÅL MED ROSTADE SESAMFRÖN

FÖRBEREDELSE:Gräddningstid 20 minuter: 19 minuter: 4 portioner

2 matskedar sesamfrön
2 matskedar raffinerad kokosolja
1 medelstor lök tunt skivad
1 medelstor tomat, hackad
1 msk hackad färsk ingefära
3 vitlöksklyftor, hackade
¼ tesked krossad röd paprika
½ 3-3½ pund grönkål, urkärnad och mycket tunt skivad

1. Rosta sesamfröna i en mycket stor torr stekpanna på medelvärme i 3-4 minuter eller tills de är nästan gyllenbruna, rör hela tiden. Överför fröna till en liten skål och svalna helt. Överför fröna till en ren krydd- eller kaffekvarn; grovmala pulsen. Ställ de malda sesamfröna åt sidan.

2. Värm samtidigt kokosoljan i samma mycket stora panna på medelvärme. Tillsätt löken; koka i ca 2 minuter eller tills de är lite mjuka. Blanda i tomat, ingefära, vitlök och krossad paprika. Koka och rör om i ytterligare 2 minuter.

3. Tillsätt den skivade kålen till tomatblandningen i pannan. Blanda med tång. Koka i 12-14 minuter eller tills kålen är mjuk och börjar få färg, rör om då och då. Tillsätt malda sesamfrön; Blanda väl. Servera omedelbart.

RÖKT BABYBACK REVBEN MED ÄPPEL-SENAP-MOPPSÅS

BLÖTA:1 timme stå: 15 minuter rök: 4 timmar koka: 20 minuter gör: 4 portionerBILD

RIK SMAK OCH KÖTTIG KONSISTENSRÖKT REVBEN BEHÖVER NÅGOT SVALT OCH KRISPIGT. NÄSTAN VILKEN SALLAD SOM HELST FUNGERAR, MEN FÄNKÅL (SERECEPTOCH PÅ BILDENHÄR), ÄR SÄRSKILT BRA.

REVBEN
- 8-10 bitar äppel eller hickory trä
- 3-3½ kilo fläskfilé
- ¼ kopp rökkrydda (serecept)

SÅS
- 1 medelstor aubergine, skalad, kärnad och tunt skivad
- ¼ kopp hackad lök
- ¼ kopp vatten
- ¼ kopp cidervinäger
- 2 msk senap i Dijon-stil (serecept)
- 2-3 matskedar vatten

1. Blötlägg träbitarna i tillräckligt med vatten minst 1 timme före rökning. Dränera före användning. Skär bort synligt fett från revbenen. Ta vid behov bort den tunna filmen bakom revbenen. Lägg revbenen i en stor grund panna. Strö jämnt med rökkrydda; gnugga med fingrarna. Låt stå i rumstemperatur i 15 minuter.

2. Placera de förvärmda kolen, avrunna flisen och vattenpannan i rökaren enligt tillverkarens instruktioner. Häll vattnet i pannan. Lägg revbenen, med bensidan nedåt, på ett galler över en kastrull med vatten. (Eller lägg

revbenen på gallret; lägg revbenen på grillgallret.) Täck över och rök i 2 timmar. Medan du röker, håll rumstemperaturen på cirka 225°F. Tillsätt kol och vatten efter behov för att bibehålla temperatur och luftfuktighet.

3. Under tiden, för moppsåsen, kombinera äppelskivorna, löken och ¼ kopp vatten i en liten kastrull. Vattenkokare; Sänk värmen. Sjud under lock i 10-12 minuter eller tills äppelskivorna är väldigt mjuka, rör om då och då. Kyl något; överför det odränerade äpplet och löken till en matberedare eller mixer. Täck över och bearbeta eller blanda tills det är slätt. Lägg tillbaka purén i grytan. Rör ner vinäger och senap i Dijon-stil. Koka på medelvärme i 5 minuter, rör om då och då. Tillsätt 2-3 matskedar vatten (eller mer om det behövs) för att få dressingen att likna vinägrett. Dela såsen i tre delar.

4. Efter 2 timmar, pensla revbenen generöst med en tredjedel av moppsåsen. Täck och rök i ytterligare 1 timme. Pensla igen med ytterligare en tredjedel av moppsåsen. Slå in varje revben i tjock folie och lägg tillbaka revbenen till rökaren, överlappa om det behövs. Täck över och rosta i ytterligare 1-1,5 timme eller tills revbenen är mjuka.*

5. Öppna revbenen och pensla med den återstående tredjedelen av moppsåsen. Skär revbenen för att servera mellan benen.

*Tips: Testa revbenens ömhet genom att försiktigt ta bort folien från ett av revbenen. Lyft den räfflade plattan med en tång, håll plattan i den övre fjärdedelen av plattan. Vänd på revbenet så att den köttiga sidan är nedåt. Om revbenen är mjuk ska tallriken falla isär när du tar upp den. Om revbenen inte är möra, slå in dem i folie och fortsätt röka tills de är kokta.

UGN BBQ FLÄSK I LANTLIG STIL MED FÄRSK ANANAS

FÖRBEREDELSE: 20 minuter Grädda: 8 minuter Grädda: 1 timme 15 minuter Gör: 4 portioner

RUSTIKA FLÄSKREVBEN ÄR KÖTTIGA, BILLIGA OCH RÄTT BEARBETADE (SOM KOKTA LÅGT OCH LÅNGSAMT I BARBECUESÅS) BLIR DE SMÄLTANDE MÖRA.

- 2 pund benfria lantliga revbensspjäll
- ¼ tsk svartpeppar
- 1 matsked raffinerad kokosolja
- ½ kopp färsk apelsinjuice
- 1½ dl BBQ-sås (se recept)
- 3 dl hackad grön- och/eller rödkål
- 1 dl riven morot
- 2 dl hackad ananas
- ⅓ kopp Bright Citrus Vinaigrette (se recept)
- BBQ-sås (se recept) (valfritt)

1. Värm ugnen till 350°F. Strö fläsket med peppar. Hetta upp kokosoljan i en mycket stor panna på medelvärme. Lägg till fläsk revben; koka i 8-10 minuter eller tills de fått färg och fått en jämn färg. Lägg revbenen i en 3-quarts rektangulär ugnsform.

2. Till såsen, tillsätt apelsinjuicen i pannan och rör om för att ta bort de brynta bitarna. Rör ner 1½ dl BBQ-sås. Häll såsen över revbenen. Vänd revbenen så att de täcks med såsen (använd eventuellt en konditorivaror för att fördela såsen över revbenen). Täck ugnsformen tätt med aluminiumfolie.

3. Koka revbenen i 1 timme. Ta bort folien och pensla revbenen med såsen från ugnsformen. Koka i ytterligare 15 minuter eller tills revbenen är mjuka och bruna och såsen har tjocknat lite.

4. Blanda under tiden kål, morötter, ananas och Bright Citrus Vinaigrette med ananasskivan. Täck över och kyl till servering.

5. Servera revbenen med slaw och eventuellt BBQ-sås.

KRYDDIG FLÄSKGULASCH

FÖRBEREDELSE: 20 minuter Baka: 40 minuter Gör: 6 portioner

DENNA GRYTA I UNGERSK STIL SERVERAS PÅ EN BÄDD AV KNAPRIG, KNAPPT VISSEN KÅL I EN PORTION. KROSSA SPISKUMMINEN I EN MORTEL OCH MORTELSTÖT OM DU HAR. OM INTE, KROSSA DEM MED DEN BREDARE SIDAN AV EN KOCKKNIV GENOM ATT FÖRSIKTIGT TRYCKA NER KNIVEN MED KNYTNÄVEN.

GULASCH

- 1½ kilo malet fläsk
- 2 dl hackad röd, orange och/eller gul paprika
- ¾ kopp hackad rödlök
- 1 liten färsk röd chili, kärnad och hackad (se dricks)
- 4 teskedar rökarom (se recept)
- 1 tsk malen spiskummin
- ¼ tesked mald mejram eller oregano
- 1 14-ounce burk osaltade, tärnade tomater, inte torkade
- 2 matskedar rödvinsvinäger
- 1 matsked hackat citronskal
- ⅓ kopp hackad färsk persilja

KÅL

- 2 matskedar olivolja
- 1 medelstor lök, skivad
- 1 litet huvud av grön- eller rödkål, kärna ur och tunt skivad

1. För att göra gulaschen, tillaga fläsket, paprikan och löken i en stor holländsk ugn på medelvärme, rör om med en träslev, i 8 till 10 minuter, eller tills fläsket inte längre är rosa och grönsakerna är knapriga. -anbud. att krossa kött. Häll av fettet. Sänk värmen till låg; tillsätt röd chili,

rökkrydda, spiskummin och mejram. Täck över och koka i 10 minuter. Tillsätt de odränerade tomaterna och vinägern. Vattenkokare; Sänk värmen. Sjud under lock i 20 minuter.

2. Värm samtidigt upp oljan till kålen i en mycket stor panna på medelvärme. Tillsätt löken och fräs tills den är mjuk, ca 2 minuter. Lägg till kål; blanda ihop. Sänk värmen till låg. Koka i cirka 8 minuter eller tills kålen är mjuk, rör om då och då.

3. Lägg en del av kålblandningen på ett fat för servering. Toppa med gulasch och strö över citronskal och persilja.

ITALIENSKA KORV KÖTTBULLAR MARINARA MED SKIVAD FÄNKÅL OCH LÖK

FÖRBEREDELSE:30 minuter tillagningstid: 30 minuter tillagningstid: 40 minuter Gör: 4-6 portioner

DETTA RECEPT ÄR ETT SÄLLSYNT EXEMPELEN KONSERVERAD PRODUKT SOM FUNGERAR LIKA BRA — OM INTE BÄTTRE — ÄN DEN FÄRSKA VERSIONEN. OM DU INTE HAR VÄLDIGT, VÄLDIGT MOGNA TOMATER FÅR DU INTE LIKA BRA KONSISTENS AV FÄRSKA TOMATER SOM ATT ANVÄNDA KONSERVERADE TOMATER. SE BARA TILL ATT DU ANVÄNDER EN SALTFRI PRODUKT – OCH ÄNNU BÄTTRE, EN EKOLOGISK PRODUKT.

KÖTTBULLAR

- 2 stora ägg
- ½ kopp mandelmjöl
- 8 vitlöksklyftor, hackade
- 6 matskedar torrt vitt vin
- 1 matsked paprika
- 2 tsk svartpeppar
- 1 tsk fänkålsfrön, lätt krossade
- 1 tsk torkad oregano, krossad
- 1 tsk torkad timjan, krossad
- ¼ till ½ tesked cayennepeppar
- 1½ kilo malet fläsk

MARINARA

- 2 matskedar olivolja
- 2 15-ounce burkar osaltade krossade tomater eller en 28-ounce burk osaltade krossade tomater
- ½ kopp hackad färsk basilika

3 medelstora fänkålslökar, halverade, kärnade och tunt skivade
1 stor söt lök, halverad och tunt skivad

1. Värm ugnen till 375°F. Klä en stor kantad bakplåt med bakplåtspapper; Lägg åtsidan. Vispa ägg, mandelmjöl, 6 hackade vitlöksklyftor, 3 matskedar vin, paprika, 1½ tsk svartpeppar, fänkålsfrön, oregano, timjan och cayennepeppar i en stor skål. Lägg till fläsk; Blanda väl. Forma fläskblandningen till 1½-tums köttbullar (bör göra cirka 24 köttbullar); sprid ut i ett enda lager på den förberedda bakplåten. Grädda i cirka 30 minuter eller tills den är ljusbrun, vänd en gång under tillagningen.

2. Värm under tiden 1 matsked olivolja i en holländsk ugn på 4 till 6 liter för marinarasåsen. Tillsätt återstående 2 hackade vitlöksklyftor; stek i ca 1 minut eller tills de precis börjar få färg. Tillsätt snabbt de återstående 3 matskedarna vin, krossade tomater och basilika. Vattenkokare; Sänk värmen. Sjud under lock i 5 minuter. Blanda försiktigt ner de kokta köttbullarna i marinarasåsen. Täck över och låt sjuda i 25-30 minuter.

3. Värm under tiden den återstående 1 msk olivolja i en stor stekpanna på medelvärme. Rör ner den skivade fänkålen och löken. Koka, rör om ofta, i 8-10 minuter eller tills de är mjuka och lättbruna. Krydda med ½ tesked svartpeppar. Servera köttbullarna och marinarasåsen medan du bryner fänkål och lök.

FLÄSKFYLLDA ZUCCHINIBÅTAR MED BASILIKA OCH PINJENÖTTER

FÖRBEREDELSE:20 minuter att laga mat: 22 minuter att laga mat: 20 minuter Gör: 4 portioner

BARN KOMMER ATT ÄLSKA DENNA ROLIGA MATIHÅLIG ZUCCHINI FYLLD MED FLÄSK, TOMATER OCH PAPRIKA. OM DU VILL, BLANDA I 3 MATSKEDAR BASILIKAPESTO (SE RECEPT) ISTÄLLET FÖR FÄRSK BASILIKA, PERSILJA OCH PINJENÖTTER.

- 2 medelstora zucchini
- 1 msk extra virgin olivolja
- 12 oz malet fläsk
- ¾ kopp hackad lök
- 2 vitlöksklyftor, hackade
- 1 dl hackade tomater
- ⅔ kopp hackad gul eller orange paprika
- 1 tsk fänkålsfrön, lätt krossade
- ½ tsk krossade rödpepparflingor
- ¼ kopp hackad färsk basilika
- 3 matskedar hackad färsk persilja
- 2 matskedar pinjenötter, rostade (se dricks) och hackad
- 1 tsk hackat citronskal

1. Värm ugnen till 350°F. Halvera zucchinin på längden och skrapa försiktigt ut mitten och lämna kvar ¼ tum av skalet. Grovhacka fruktköttet av zucchinin och ställ åt sidan. Lägg zucchinihalvorna med snittsidan uppåt på en bakplåtsklädd plåt.

2. Till fyllningen, värm olivoljan i en stor panna på medelvärme. Lägg till fläsk; koka tills det inte längre är rosa, rör om med en träslev för att bryta upp köttet. Häll

av fettet. Sänk värmen till medium. Tillsätt det reserverade zucchiniköttet, löken och vitlöken; koka och rör om i ca 8 minuter eller tills löken är mjuk. Blanda i tomater, paprika, fänkålsfrön och krossad paprika. Koka i cirka 10 minuter eller tills tomaterna är mjuka och börjar brytas ner. Ta kastrullen från värmen. Blanda i basilika, persilja, pinjenötter och citronskal. Fördela fyllningen mellan zucchiniskalen, skala dem lite. Grädda i 20-25 minuter eller tills zucchiniskalen är krispiga.

CURRY FLÄSK OCH ANANAS "NUDLAR" SKÅLAR MED KOKOSMJÖLK OCH ÖRTER

FÖRBEREDELSE:30 minuter att laga mat: 15 minuter att laga mat: 40 minuter Gör: 4 portionerBILD

- 1 stor spaghetti squash
- 2 matskedar raffinerad kokosolja
- 1 kilo malet fläsk
- 2 msk hackad vårlök
- 2 msk färsk limejuice
- 1 msk hackad färsk ingefära
- 6 vitlöksklyftor, hackade
- 1 matsked hackat citrongräs
- 1 matsked osaltat thailändskt rött currypulver
- 1 dl hackad röd paprika
- 1 dl hackad lök
- ½ kopp riven morot
- 1 baby bok choy, skivad (3 koppar)
- 1 kopp skivad färsk knappsvamp
- 1 eller 2 tunt skivade thailändska fågelchili (se dricks)
- 1 13,5 oz burk vanlig kokosmjölk (som Nature's Way)
- ½ kopp kycklingbensbuljong (se recept) eller kycklingbuljong utan salt
- ¼ kopp färsk ananasjuice
- 3 msk osaltat, oljefritt cashewsmör
- 1 kopp färsk ananas, tärnad
- Limeskivor
- Färsk koriander, mynta och/eller thaibasilika
- Hackade rostade cashewnötter

1. Värm ugnen till 400°F. Grädda spaghetti squash i mikron på hög 3 minuter. Dela pumpan försiktigt på längden och gröp ur kärnorna. Gnid in 1 matsked kokosolja på de skurna sidorna av pumpan. Lägg pumpahalvorna, med skurna sidan nedåt, på en plåt. Grädda i 40-50 minuter eller tills pumpan lätt kan stickas igenom med en kniv. Använd stiften på en gaffel för att skrapa fruktköttet från skalet och håll varmt tills det ska serveras.

2. Under tiden, kombinera fläsk, salladslök, limejuice, ingefära, vitlök, citrongräs och currypulver i en medelstor skål; Blanda väl. Värm den återstående 1 msk kokosolja i en mycket stor stekpanna på medelvärme. Tillsätt fläskblandning; koka tills det inte längre är rosa, rör om med en träslev för att bryta upp köttet. Tillsätt paprika, lök och morot; koka och rör om i ca 3 minuter eller tills grönsakerna är knapriga och mjuka. Blanda i bok choy, svamp, chili, kokosmjölk, kycklingbensbuljong, ananasjuice och cashewsmör. Vattenkokare; Sänk värmen. Lägg till ananas; låt sjuda under lock tills den är genomvärmd.

3. Fördela spagettisquashen mellan fyra serveringsskålar att servera. Lägg curryfläsket ovanpå pumpan. Servera med limeklyftor, örter och cashewnötter.

KRYDDIGA GRILLADE FLÄSKKOTLETTER MED KRYDDIG GURKSALLAD

FÖRBEREDELSE:30 minuter grillning: 10 minuter stående: 10 minuter Ger: 4 portioner

KRISPIG GURKSALLADSMAKSATT MED FÄRSK MYNTA ÄR ETT SVALKANDE OCH UPPFRISKANDE TILLSKOTT TILL KRYDDIGA FLÄSKBURGARE.

⅓ kopp olivolja
¼ kopp hackad färsk mynta
3 matskedar vit vinäger
8 vitlöksklyftor, hackade
¼ tsk svartpeppar
2 medelstora gurkor, mycket tunt skivade
1 liten lök, tunt skivad (ca ½ kopp)
1¼ till 1½ kilo malet fläsk
¼ kopp hackad färsk koriander
1-2 medelstora färska jalapeño eller serrano chili, kärnade (om så önskas) och hackade (se<u>dricks</u>)
2 medelstora röda paprikor, kärnade och i fjärdedelar
2 teskedar olivolja

1. Vispa ⅓ kopp olivolja, mynta, vinäger, 2 hackade vitlöksklyftor och svartpeppar i en stor skål. Tillsätt skivad gurka och lök. Rör om tills det är väl täckt. Täck över och kyl tills du ska servera, rör om en eller två gånger.

2. Blanda fläsk, koriander, chili och de återstående 6 hackade vitlöksklyftorna i en stor skål. Forma till fyra ¾-tums

tjocka bröd. Belägg paprikakvarten lätt med 2 teskedar olivolja.

3. För en kol- eller gasgrill, placera biffarna och en fjärdedel av paprikan direkt på medelvärme. Täck över och grilla tills en termometer som satts in i kanterna på fläskkotletterna visar 160°F och paprikorna är möra och lätt förkolnade, vilket gör att biffarna och paprikorna vänds halvvägs genom grillningen. Ge kotletterna 10-12 minuter och pepparkvartarna 8-10 minuter.

4. När paprikakvartarna är klara, slå in dem i folie så att de täcker dem helt. Låt stå i cirka 10 minuter eller tills den är tillräckligt kall för att hantera. Ta försiktigt bort skalet från paprikan med en vass kniv. Skär på längden i tunna skivor.

5. För att servera, släng gurksalladen och skeda jämnt på fyra stora serveringsfat. Lägg en fläskfilé på varje tallrik. Stapla paprikaskivorna jämnt ovanpå brödet.

ZUCCHINI CRUST PIZZA MED SOLTORKAD TOMATPESTO, PAPRIKA OCH ITALIENSK KORV

FÖRBEREDELSE:30 minuter att laga mat: 15 minuter att laga mat: 30 minuter Gör: 4 portioner

DET ÄR EN KNIV OCH GAFFEL PIZZA.TÄNK PÅ ATT LÄTT TRYCKA NER KORVEN OCH PAPRIKAN I PESTOSKORPAN SÅ ATT FYLLNINGARNA FASTNAR SÅ MYCKET ATT PIZZAN SKÄR SIG VACKERT.

2 matskedar olivolja

1 msk finmalen mandel

1 stort ägg, lätt uppvispat

½ kopp mandelmjöl

1 matsked hackad färsk oregano

¼ tsk svartpeppar

3 vitlöksklyftor, hackade

3½ koppar hackad zucchini (2 medelstora)

Italiensk korv (se recept, Nedan)

1 msk extra virgin olivolja

1 paprika (gul, röd eller hälften av båda), kärnad och skuren i mycket tunna strimlor

1 liten lök, tunt skivad

Soltorkad tomatpesto (se recept, Nedan)

1. Värm ugnen till 425°F. Smörj en 12-tums pizzapanna med 2 matskedar olivolja. Strö över mald mandel; Lägg åtsidan.

2. För skalen, blanda ägg, mandelmjöl, oregano, svartpeppar och vitlök i en stor skål. Lägg den hackade zucchinin i en ren handduk eller ostduk. Linda tätt

RÖKT CITRON-KORIANDER LAMMLÅR MED GRILLAD SPARRIS

BLÖTA: 30 minuter Tillagningstid: 20 minuter Grill: 45 minuter Standtid: 10 minuter
Tillagning: 6-8 portioner

DENNA MATRÄTT ÄR ENKEL MEN ELEGANTTVÅ INGREDIENSER SOM KOMMER NATURLIGT UNDER VÅREN - LAMM OCH SPARRIS. ATT ROSTA KORIANDERFRÖN FÖRSTÄRKER DEN VARMA JORDNÄRA, LÄTT KRYDDIGA SMAKEN.

- 1 kopp hickory träflis
- 2 msk korianderfrön
- 2 matskedar hackat citronskal
- 1½ tsk svartpeppar
- 2 matskedar hackad färsk timjan
- 1 2-3 kilo benfritt lammlår
- 2 knippen färsk sparris
- 1 matsked olivolja
- ¼ tsk svartpeppar
- 1 citron skuren i fjärdedelar

1. Blötlägg hickorychips i en skål i minst 30 minuter innan du röker så att de täcks; Lägg åtsidan. Under tiden, i en liten panna, rosta korianderfröna på medelvärme i cirka 2 minuter eller tills de doftar och är knapriga, rör om ofta. Ta bort frön från pannan; Låt det svalna. När fröna har svalnat, krossa fröna grovt i en mortel och mortelstöt (eller lägg fröna på en skärbräda och krossa dem med baksidan av en träslev). I en liten skål, kombinera krossade korianderfrön, citronskal, 1½ tsk peppar och timjan; Lägg åtsidan.

2. Ta bort nätet från lammsteken, om det finns. Öppna biffen på arbetsytan, med fettsidan nedåt. Strö hälften av kryddblandningen över köttet; gnugga med fingrarna. Rulla biffen och knyt med 4-6 bitar köksgarn av 100 % bomull. Strö resten av kryddblandningen på utsidan av steken, tryck till lätt.

3. För en kolgrill, placera medelvarma kol runt dropppannan. Testa pannan för medelvärme. Strö dränerade träspån över kolen. Lägg lammsteken på grillgallret ovanför dropppannan. Täck och rök i 40-50 minuter på medium (145°F). (På en gasolgrill, Förvärm grillen. Sänk värmen till medel. Justera för indirekt tillagning. Rök enligt ovan, förutom att tillsätta torkat träflis enligt tillverkarens anvisningar.) Täck steken löst med folie. Låt stå 10 minuter innan du skär upp.

4. Skär under tiden bort de träiga ändarna på sparrisen. Kasta sparrisen i en stor skål med olivoljan och ¼ tsk peppar. Lägg sparrisen runt grillens ytterkanter, direkt över kolen och vinkelrätt mot grillgallret. Täck över och grilla i 5-6 minuter tills det är knaprigt. Pressa citronskivorna över sparrisen.

5. Ta bort snöret från lammsteken och skiva köttet i tunna skivor. Servera köttet med grillad sparris.

LAMM HOT POT

FÖRBEREDELSE:30 minuter Gräddningstid: 2 timmar 40 minuter Gräddningstid: 4 portioner

VÄRM UPP DEN MED EN VÄLSMAKANDE GRYTAHÖST- ELLER VINTERKVÄLL. GRYTAN SERVERAS ÖVER EN SAMMETSLEN ROTSELLERIPURÉ KRYDDAD MED SENAP I DIJONSTIL, CASHEWGRÄDDE OCH GRÄSLÖK. OBS: ROTSELLERI KALLAS IBLAND SELLERI.

- 10 korn svartpeppar
- 6 vismän
- 3 hela kryddpeppar
- Skala 2 2-tums apelsiner
- 2 kilo benfri lammaxel
- 3 matskedar olivolja
- 2 medelstora lökar, grovt hackade
- 1 14,5-ounce burk osaltade, tärnade tomater, odränerade
- 1½ dl nötbuljong (se recept) eller osaltad nötbuljong
- ¾ kopp torrt vitt vin
- 3 stora vitlöksklyftor, krossade och skalade
- 2 pund sellerirot, skalad och skuren i 1-tums kuber
- 6 medelstora palsternacka, skalade och skurna i 1-tums skivor (ca 2 pund)
- 2 matskedar olivolja
- 2 matskedar cashewbark (se recept)
- 1 msk senap i Dijon-stil (se recept)
- ¼ kopp hackad gräslök

1. Skär en 7-tums fyrkant av ostduk för buketten. Lägg paprika, salvia, kryddpeppar och apelsinskal i mitten av ostduken. Lyft upp hörnen på gasväven och knyt hårt med rent köksgarn av 100 % bomull. Åt sidan.

2. Skär bort fett från axeln av lamm; skär lamm i 1-tums bitar. Värm 3 matskedar olivolja i en holländsk ugn på medelvärme. Koka vid behov lammet i omgångar i het olja tills det är brunt; ta bort från pannan och håll varmt. Lägg lök i pannan; grädda i 5-8 minuter eller tills de mjuknat och fått färg. Tillsätt bouquet garni, odränerade tomater, 1¼ dl nötbuljong, vin och vitlök. Vattenkokare; Sänk värmen. Sjud under lock i 2 timmar, rör om då och då. Ta bort och kassera garnibunten.

3. Lägg under tiden rotselleri och palsternacka i en stor gryta för moset; täck med vatten. Koka upp på medelvärme; minska värmen till låg. Täck över och låt sjuda på låg värme i 30-40 minuter eller tills grönsakerna är väldigt mjuka när de sticks igenom med en gaffel. Avloppsnät; lägg grönsakerna i en matberedare. Tillsätt återstående ¼ kopp nötköttsbuljong och 2 matskedar olja; pulsera tills honungen är nästan slät men fortfarande ostrukturerad, stanna en eller två gånger för att skrapa ner sidorna. Lägg gröten i en skål. Blanda i cashewgrädde, senap och gräslök.

4. För att servera, dela gröten i fyra skålar; toppad med Lamb Hot Pot.

LAMMGRYTA MED SELLERIROTNUDLAR

FÖRBEREDELSE: 30 minuter Gräddningstid: 1 timme 30 minuter Gör: 6 portioner

ROTSELLERI ÄR HELT ANNORLUNDAFORMA GRYTAN HÄR SOM I LAMM HOT POT (SE<u>RECEPT</u>). EN MANDOLINSKÄRARE ANVÄNDS FÖR ATT SKAPA MYCKET TUNNA REMSOR AV SÖTA OCH NÖTIGA RÖTTER. "NUDLARNA" PUTTRAS I GRYTAN TILLS DE ÄR MJUKA.

2 teskedar citron-örtkrydda (se<u>recept</u>)

1½ pund lammgryta, skuren i 1-tums kuber

2 matskedar olivolja

2 dl hackad lök

1 dl riven morot

1 kopp hackade kålrot

1 msk finhackad vitlök (6 klyftor)

2 matskedar tomatpuré utan salt

½ dl torrt rött vin

4 dl nötbuljong (se<u>recept</u>) eller osaltad nötbuljong

1 lagerblad

2 koppar 1-tums tärnad pumpa

1 kopp tärnad aubergine

1 kilo skalad rotselleri

Hackad färsk persilja

1. Värm ugnen till 250°F. Strö citronörtskrydda jämnt över lammet. Kasta försiktigt för att täcka. Värm en 6- till 8-quart holländsk ugn över medelvärme. Tillsätt 1 matsked olivolja och hälften av det kryddade lammet i den holländska ugnen. Bryn köttet i het olja på alla sidor; överför det brynta köttet till en tallrik och upprepa med resten av lammet och olivoljan. Sänk värmen till medium.

2. Tillsätt lök, morot och kålrot i grytan. Koka och rör om grönsaker i 4 minuter; tillsätt vitlök och tomatpuré och koka i 1 minut till. Tillsätt rött vin, nötbuljong, lagerblad och kött och eventuell ackumulerad juice i grytan. Låt blandningen koka upp. Täck och sätt in den holländska ugnen i den förvärmda ugnen. Grädda i 1 timme. Blanda i pumpa och aubergine. Sätt tillbaka i ugnen och grädda i ytterligare 30 minuter.

3. Medan grytan är i ugnen, använd en mandolin för att skiva selleriroten väldigt tunt. Skär rotselleriskivorna i ½ tum breda remsor. (Du bör ha ca 4 koppar.) Rör ner selleristrimlorna i grytan. Sjud i ca 10 minuter eller tills de är mjuka. Innan du serverar grytorna, ta bort och kassera lagerbladet. Strö hackad persilja över varje portion.

FRANSKA LAMMKOTLETTER MED GRANATÄPPLE CHUTNEY

FÖRBEREDELSE: 10 minuter bakning: 18 minuter kylning: 10 minuter Gör: 4 portioner

TERMEN "FRANSKA" HÄNVISAR TILL REVBENETVARIFRÅN FETT, KÖTT OCH BINDVÄV HAR TAGITS BORT MED EN VASS SKALKNIV. DETTA SKAPAR EN ATTRAKTIV PRESENTATION. LÅT DIN SLAKTARE GÖRA DET ELLER SÅ KAN DU GÖRA DET SJÄLV.

CHUTNEY
- ½ kopp osötad granatäpplejuice
- 1 matsked färsk citronsaft
- 1 schalottenlök, skalad och skuren i tunna ringar
- 1 tsk hackat apelsinskal
- ⅓ kopp hackade Medjool-dadlar
- ¼ tesked krossad röd paprika
- ¼ kopp granatäpple*
- 1 matsked olivolja
- 1 msk hackad färsk italiensk (plattbladig) persilja

LAMMKOTLETTER
- 2 matskedar olivolja
- 8 franska lammkotletter

1. Till chutneyen, blanda granatäpplejuice, citronsaft och schalottenlök i en liten kastrull. Vattenkokare; Sänk värmen. Sjud under lock i 2 minuter. Tillsätt apelsinskal, dadlar och krossad paprika. Låt svalna, ca 10 minuter. Blanda granatäpple, 1 msk olivolja och persilja. Låt bli rumstemperatur fram till servering.

2. För biffarna, värm 2 matskedar olivolja i en stor stekpanna på medelvärme. Arbeta i omgångar, tillsätt kotletterna i

pannan och koka på medelvärme (145°F) i 6 till 8 minuter, vänd en gång. Toppa med chutney.

*Notera. Färska granatäpplen och deras frön eller frön är tillgängliga från oktober till februari. Om du inte hittar dem, använd osötade torkade frön för att lägga till crunch till chutneyn.

CHIMICHURRI LAMMKOTLETTER MED FRITERAD RADICCHIO SLAW

FÖRBEREDELSE: 30 minuter marinering: 20 minuter gräddning: 20 minuter Gör: 4 portioner

I ARGENTINA ÄR CHIMICHURRI DEN POPULÄRASTE KRYDDANINKLUSIVE LANDETS BERÖMDA GRILL I GAUCHO-STIL. DET FINNS MÅNGA VARIANTER, MEN DEN TJOCKA ÖRTSÅSEN ÄR VANLIGTVIS UPPBYGGD KRING PERSILJA, KORIANDER ELLER OREGANO, SCHALOTTENLÖK OCH/ELLER VITLÖK, KROSSAD RÖD PAPRIKA, OLIVOLJA OCH RÖDVINSVINÄGER. DEN PASSAR UTMÄRKT TILL GRILLAT KÖTT, MEN LIKA BRA TILL STEKT ELLER PANNSTEGT LAMM, KYCKLING OCH FLÄSK.

- 8 lammfiléer, skär 1 tum tjocka
- ½ kopp Chimichurri-sås (se recept)
- 2 matskedar olivolja
- 1 söt lök, halverad och skivad
- 1 tsk malen spiskummin*
- 1 vitlöksklyfta, hackad
- 1 huvud radicchio, kärna ur och tunt skivad
- 1 msk balsamvinäger

1. Lägg lammbitarna i en mycket stor skål. Häll 2 matskedar Chimichurri-sås på toppen. Gnid såsen med fingrarna över hela ytan på varje kotlett. Låt sidan marinera i 20 minuter i rumstemperatur.

2. Värm under tiden 1 msk olivolja i en mycket stor stekpanna för den bakade radicchiosalaten. Tillsätt lök, spiskummin och vitlök; koka 6-7 minuter eller tills löken mjuknar, rör om ofta. Lägg till radicchio; koka i 1-2 minuter eller tills

radicchio vissnar något. Överför salladen till en stor skål. Tillsätt balsamvinägern och blanda väl. Täck över och håll varmt.

3. Torka ur pannan. Tillsätt den återstående 1 msk olivolja i pannan och värm på medelvärme. Lägg till lamm; minska värmen till medium. Koka i 9-11 minuter eller tills önskad form, vänd på kotletterna då och då med en tång.

4. Servera kotletterna med slaw och resten av Chimichurri-såsen.

*Notera. Krossa kumminfröna med mortel och mortelstöt eller lägg fröna på en skärbräda och krossa med en kockkniv.

ANSJOVIS OCH SALVIA-GNIDADE LAMMKOTLETTER MED MOROTS-SÖTPOTATISREMOULAD

FÖRBEREDELSE:12 minuter kylning: 1-2 timmar grillning: 6 minuter Ger: 4 portioner

DET FINNS TRE TYPER AV LAMMKOTLETTER. DE TJOCKA OCH KÖTTIGA KOTLETTERNA SER UT SOM SMÅ T-BONE STEAKS. REVBENSKOTLETTER - SOM DE KALLAS HÄR - FÅR MAN GENOM ATT SKÄRA LAMMET MELLAN BENEN. DE ÄR MYCKET ÖMMA OCH HAR ETT LÅNGT ATTRAKTIVT BEN PÅ SIDAN. DE SERVERAS OFTA I PANNA ELLER GRILLAS. BILLIGA ABEBA-BIFFAR ÄR NÅGOT FETARE OCH MINDRE MÖRA ÄN DE ANDRA TVÅ TYPERNA. DE BRYNS BÄST OCH STUVAS SEDAN I VIN, FOND OCH TOMAT ELLER EN KOMBINATION AV DESSA.

- 3 medelstora morötter, grovt hackade
- 2 små sötpotatisar, finhackade* eller grovt hackade
- ½ kopp Paleo Mayo (se recept)
- 2 matskedar färsk citronsaft
- 2 tsk senap i Dijon-stil (se recept)
- 2 matskedar hackad färsk persilja
- ½ tsk svartpeppar
- 8 lammkotletter, skär ½ till ¾ tum tjocka
- 2 msk hackad färsk salvia eller 2 tsk krossad torkad salvia
- 2 tsk malen ancho chilipeppar
- ½ tsk vitlökspulver

1. Till remoulad, blanda morot och sötpotatis i en medelstor skål. I en liten skål, kombinera Paleo Mayo, citronsaft, Dijon-liknande senap, persilja och svartpeppar. Häll över morot och sötpotatis; släng på en jacka. Täck över och kyl i 1-2 timmar.

2. Blanda under tiden salvia, ancho chili och vitlökspulver i en liten skål. Gnid in kryddblandningen över lammkotletterna.

3. För en kol- eller gasolgrill, lägg lammkotletterna direkt på grillgallret på medelvärme. Täck över och grilla i 6-8 minuter på medium (145°F) eller 10-12 minuter på medium (150°F), vänd en gång halvvägs genom grillningen.

4. Servera lammkotletter med remoulad.

*Obs: Använd en mandolin med juliennetillbehör för att skiva sötpotatis.

LAMMKOTLETTER MED SCHALOTTENLÖK, MYNTA OCH OREGANO

FÖRBEREDELSE: 20 minuter Marinering: 1-24 timmar Gräddning: 40 minuter Grillning: 12 minuter Tillagning: 4 portioner

SOM DE FLESTA MARINERADE KÖTTRÄTTER, JU LÄNGRE DU LÅTER LAMMKOTLETTERNA GNUGGA MED ÖRTEN INNAN TILLAGNING, DESTO GODARE BLIR DE. DET FINNS ETT UNDANTAG FRÅN DENNA REGEL, OCH DET ÄR NÄR DU ANVÄNDER EN MARINAD SOM INNEHÅLLER MYCKET SURA INGREDIENSER SOM CITRUSJUICE, VINÄGER OCH VIN. OM DU LÅTER KÖTTET SITTA FÖR LÄNGE I DEN SURA MARINADEN BÖRJAR DET BRYTAS NER OCH BLI TILL MOS.

FÅRKÖTT
- 2 msk hackad schalottenlök
- 2 msk finhackad färsk mynta
- 2 msk hackad färsk oregano
- 5 teskedar medelhavskrydda (se recept)
- 4 teskedar olivolja
- 2 vitlöksklyftor, hackade
- 8 lammkotletter, skär ca 1 tum tjocka

SALLAD
- ¾ pund skivade rödbetor
- 1 matsked olivolja
- ¼ kopp färsk citronsaft
- ¼ kopp olivolja
- 1 msk hackad schalottenlök
- 1 tsk senap i Dijon-stil (se recept)

6 koppar blandade gröna
4 tsk hackad gräslök

1. Blanda lammet i en liten skål med 2 msk schalottenlök, mynta, oregano, 4 tsk medelhavskrydda och 4 tsk olivolja. Strö rubbet över hela lammkotletterna; gnugga med fingrarna. Lägg kotletten på en tallrik; täck med plastfolie och ställ i kylen i minst 1 timme eller upp till 24 timmar.

2. Värm ugnen till 400°F för sallad. skrubba rödbetorna väl; skär i skivor. Lägg i en 2 liters ugnsform. Ringla 1 matsked olivolja ovanpå. Täck skålen med folie. Grädda i ca 40 minuter eller tills rödbetorna är mjuka. Kyl helt. (Betor kan rostas upp till 2 dagar i förväg.)

3. Blanda citronsaft, ¼ kopp olivolja, 1 msk schalottenlök, senap i Dijon-stil och återstående 1 tsk medelhavskrydda i en burk med skruvlock. Täck och skaka väl. Kombinera rödbetor och grönsaker i en salladsskål; rör ner lite vinägrett.

4. För en kol- eller gasolgrill, lägg kotletten på ett smord grillgaller direkt på medelvärme. Täck över och grilla tills önskad form, vänd en gång halvvägs genom grillningen. Vänta 12-14 minuter för medium-rare (145°F) eller 15-17 minuter för medium (160°F).

5. För att servera, lägg 2 lammfiléer och en del av salladen på var och en av de fyra tallrikarna. Strö över gräslök. Häll över resterande vinägrett.

TRÄDGÅRDSFYLLDA LAMMBURGARE MED RÖD PAPRIKA

FÖRBEREDELSE: 20 minuter stå: 15 minuter grill: 27 minuter Gör: 4 portioner

COULIS ÄR INGET ANNAT ÄN EN ENKEL SLÄT SÅS GJORD AV MOSADE FRUKTER ELLER GRÖNSAKER. DEN LJUSA OCH VACKRA RÖDA PEPPARSÅSEN PÅ DESSA LAMMBURGARE FÅR EN DUBBEL DOS RÖK – FRÅN GRILLEN OCH RÖKT PAPRIKA.

RED PEPPER COULIS
- 1 stor röd paprika
- 1 matsked torrt vitt vin eller vit vinäger
- 1 tsk olivolja
- ½ tsk rökt paprika

HAMBURGARE
- ¼ kopp hackade svavelfria soltorkade tomater
- ¼ kopp hackad zucchini
- 1 matsked hackad färsk basilika
- 2 teskedar olivolja
- ½ tsk svartpeppar
- 1½ kilo malet lamm
- 1 äggvita, lätt vispad
- 1 matsked medelhavskrydda (se recept)

1. Lägg den röda paprikan direkt på grillgallret på medelvärme. Täck över och grilla i 15-20 minuter eller tills de är förkolnade och mycket möra. Vänd paprikan var 5:e minut eller så för att förkolna båda sidor. Ta bort från grillen och lägg helt i en papperspåse eller folie med paprikan. Låt stå i 15 minuter eller tills den är tillräckligt kall för att hantera. Dra försiktigt bort skinnet med en

vass kniv och kassera. Skär paprikan på längden i fyra delar och ta bort stjälkar, frön och hinnor. Kombinera den rostade paprikan, vinet, olivoljan och rökt paprika i en matberedare. Täck över och bearbeta eller blanda tills det är slätt.

2. Under tiden, för fyllningen, lägg de soltorkade tomaterna i en liten skål och täck med kokande vatten. Låt stå i 5 minuter; avloppsnät. Torka tomaterna och den hackade zucchinin med hushållspapper. I en liten skål, kombinera tomater, zucchini, basilika, olivolja och ¼ tesked svartpeppar; Lägg åtsidan.

3. I en stor skål, kombinera malet lamm, äggvita, återstående ¼ tesked svartpeppar och medelhavskryddor; Blanda väl. Dela köttblandningen i åtta lika stora delar och forma var och en till en ¼-tums tjock biff. Skedfyllning för fyra bröd; strö resten av biffarna ovanpå och tryck till kanterna med fyllningen.

4. Lägg biffarna på grillgallret direkt på medelvärme. Täck och grilla i 12-14 minuter eller tills den är klar (160°F), vänd en gång halvvägs genom grillningen.

5. Servera röd paprika ovanpå hamburgarna.

DUBBLA OREGANO LAMMKABOBS MED TZATZIKISÅS

BLÖTA: 30 minuter förberedelse: 20 minuter kylning: 30 minuter grill: 8 minuter förberedelse: 4 portioner

DESSA LAMMKABOBS ÄR I PRINCIPKÄND SOM KOFTANA I MEDELHAVET OCH MELLANÖSTERN, KRYDDAT KÖTTFÄRS (VANLIGTVIS LAMM ELLER NÖT) FORMAS TILL BOLLAR ELLER GRILLSPETT OCH GRILLAS. FÄRSK OCH TORKAD OREGANO GER DEM EN UNDERBAR GREKISK SMAK.

8 x 10 tums trästänger

LAMMKABOBS

- 1½ kilo magert malet lamm
- 1 liten lök, hackad och torkad
- 1 matsked hackad färsk oregano
- 2 tsk torkad oregano, krossad
- 1 tsk svartpeppar

TZATZIKISÅS

- 1 kopp Paleo Mayo (se recept)
- ½ stor gurka, kärnad och krossad och pressad torr
- 2 matskedar färsk citronsaft
- 1 vitlöksklyfta, hackad

1. Blötlägg pinnarna i 30 minuter i vatten så att de täcks.

2. Blanda malet lamm, lök, färsk och torkad oregano och peppar i en stor skål. Blanda väl. Dela lammblandningen i åtta lika stora delar. Forma varje sektion till ungefär en halv pinne, skapa ett 5 x 1-tums stöd. Täck över och kyl i minst 30 minuter.

3. Under tiden, för tzatzikisåsen, blanda Paleo Mayo, gurka, citronsaft och vitlök i en liten skål. Täck över och kyl till servering.

4. För en kol- eller gasolgrill, lägg lammet direkt på grillgallret på medelvärme. Täck över och grilla på medelvärme (160°F) i cirka 8 minuter, vänd halvvägs genom grillningen.

5. Servera lammkabobs med tzatzikisås.

UGNSSTEKT KYCKLING MED SAFFRAN OCH CITRON

FÖRBEREDELSE: 15 minuter kylning: 8 timmar rostning: 1 timme 15 minuter stående: 10 minuter gör: 4 portioner

SAFFRAN ÄR TORKADE STÅNDARE AV EN VISS TYP AV KROKUSBLOMMA. DET ÄR DYRT, MEN LITE RÄCKER LÅNGT. DEN LÄGGER TILL SIN JORDNÄRA, DISTINKTA SMAK OCH UNDERBARA GULA NYANS TILL DENNA KRISPIGA STEKTA KYCKLING.

- 1 4-5 kilo hel kyckling
- 3 matskedar olivolja
- 6 vitlöksklyftor, krossade och skalade
- 1½ msk hackat citronskal
- 1 matsked färsk timjan
- 1½ tsk mald svartpeppar
- ½ tsk saffranstrådar
- 2 lagerblad
- 1 citron skuren i fjärdedelar

1. Ta bort halsen och inälvorna från kycklingen; kassera eller förvara för annat bruk. Skölj kycklingens hålrum; torka med en pappershandduk. Skär bort eventuellt överflödigt skinn eller fett från slaktkroppen.

2. Blanda olivolja, vitlök, citronskal, timjan, peppar och saffran i en matberedare. Forma en slät pasta.

3. Gnid in pastan med fingrarna på utsidan och insidan av kycklingen. Överför kyckling till en stor skål; täck och ställ i kylen i minst 8 timmar eller över natten.

4. Värm ugnen till 425°F. Lägg citronkvartarna och lagerbladen i kycklinghålan. Knyt ihop benen med köksgarn av 100 % bomull. Stoppa vingarna under kycklingen. Lägg en ugnssäker kötttermometer på insidan av låret utan att röra benet. Lägg kycklingen på ett galler i en stor stekpanna.

5. Grädda i 15 minuter. Sänk ugnstemperaturen till 375°F. Grädda i ca 1 timme till, eller tills juicen blir klar och en termometer visar 175°F. Tält kyckling med folie. Låt stå 10 minuter innan du skär.

SPATCHCOCKED KYCKLING MED JICAMA SLAW

FÖRBEREDELSE: 40 minuter Grill: 1 timme 5 minuter Rack: 10 minuter Ger: 4 portioner

"SPATCHCOCK" ÄR EN GAMMAL MATLAGNINGSTERM SOM NYLIGEN HAR TAGITS I BRUK IGEN FÖR ATT BESKRIVA ATT DELA RYGGEN PÅ EN LITEN FÅGEL, SOM EN HÖNA ELLER KYCKLING, ÖPPNA DEN OCH PLATTA TILL DEN SOM EN BOK SÅ ATT DEN TILLAGAS SNABBT OCH JÄMNARE. DET LIKNAR FJÄRILAR MEN HÄNVISAR BARA TILL FJÄDERFÄ.

KYCKLING

- 1 poblano chile
- 1 msk hackad schalottenlök
- 3 vitlöksklyftor, hackade
- 1 tsk hackat citronskal
- 1 tsk hackad limeskal
- 1 tesked rökarom (se recept)
- ½ tsk torkad oregano, krossad
- ½ tsk malen spiskummin
- 1 matsked olivolja
- 1 3-3½ kilo hel kyckling

KÅLSALLAD

- ½ medelstor jicama, skalad och skuren i julienne-remsor (ca 3 koppar)
- ½ kopp tunt skivad salladslök (4)
- 1 Granny Smith-äpple, skalat, urkärnat och skuret i julienne-remsor
- ⅓ kopp hackad färsk koriander
- 3 matskedar färsk apelsinjuice
- 3 matskedar olivolja
- 1 tesked citron-örtkrydda (se recept)

1. För en kolgrill, placera medelvarma kol på ena sidan av grillen. Placera dropppannan under den tomma sidan av grillen. Lägg poblano på grillgallret direkt över mittkolen. Täck och grilla i 15 minuter eller tills poblano är förkolnad på alla sidor, vänd då och då. Slå genast in poblano i folie; låt stå i 10 minuter. Öppna folien och skär poblano på längden; ta bort stjälkarna och fröna (sedricks). Ta försiktigt bort huden med en vass kniv och kassera. Hacka poblano fint. (På en gasolgrill, förvärm grillen; sänk värmen till medelhög. Justera för indirekt tillagning. Grilla över brännaren, enligt ovan.)

2. Blanda poblano, schalottenlök, vitlök, citronskal, limeskal, rökkrydda, oregano och spiskummin till en liten skål. Rör i oljan; blanda väl till en pasta.

3. Ta bort kycklingen genom att ta bort hals och inälvor (reservera för annan användning). Lägg kycklingbröstet nedåt på skärbrädan. Använd en kökssax och klipp på längden från ena sidan av ryggraden, med början vid nacken. Upprepa det längsgående snittet på motsatt sida av ryggraden. Ta bort och kassera ryggraden. Vänd kycklingen med skinnsidan uppåt. Tryck mellan brösten för att bryta bröstbenet så att kycklingen ligger platt.

4. Börja vid halsen på ena sidan av bröstet, skjut fingrarna mellan huden och köttet, lossa huden när du rör dig mot låren. Lös hud runt låret. Upprepa på andra sidan. Använd fingrarna för att gnugga köttet under skinnet på kycklingen.

5. Lägg kycklingbröstet nedåt på grillgallret i dropppannan. Vikt med två folielindade tegelstenar eller en stor

gjutjärnspanna. Täck över och grilla i 30 minuter. Vänd kycklingen med bensidan nedåt på ett galler, väg igen med tegelstenar eller en kastrull. Grilla med locket på i ytterligare cirka 30 minuter eller tills kycklingen inte längre är rosa (175°F vid låret). Ta bort kycklingen från grillen; låt stå i 10 minuter. (För en gasolgrill, lägg kycklingen på grillgallret borta från värmen. Grilla enligt ovan.)

6. Blanda under tiden jicama, lök, äpple och koriander i en stor skål. Blanda apelsinjuice, olja och citronörtskrydda i en liten skål. Häll över jicama-blandningen och rör om. Servera kycklingen med axeln.

UGNSSTEKT KYCKLING MED VODKA, MOROT OCH TOMATSÅS

FÖRBEREDELSE:15 minuter gräddning: 15 minuter gräddning: 30 minuter Gör: 4 portioner

VODKA KAN GÖRAS AV FLERA INGREDIENSEREN MÄNGD OLIKA LIVSMEDEL, INKLUSIVE POTATIS, MAJS, RÅG, VETE OCH KORN – ÄVEN VINDRUVOR. ÄVEN OM DENNA DRESSING INTE HAR MYCKET VODKA FÖRDELAT PÅ FYRA PORTIONER, SE OM POTATIS- ELLER DRUVVODKA SKULLE VARA PALEOVÄNLIG.

- 3 matskedar olivolja
- 4 kycklingbakdelar med ben eller magra kycklingbitar, skinn
- 1 28-ounce burk osaltade plommontomater, avrunna
- ½ kopp hackad lök
- ½ kopp finhackad morot
- 3 vitlöksklyftor, hackade
- 1 tesked medelhavskrydda (se recept)
- ⅛ tesked cayennepeppar
- 1 kvist färsk rosmarin
- 2 matskedar vodka
- 1 matsked hackad färsk basilika (valfritt)

1. Värm ugnen till 375°F. I en mycket stor stekpanna, värm 2 matskedar olja på medelvärme. Lägg till kyckling; grädda i ca 12 minuter eller tills de fått färg och fått en jämn färg. Placera pannan i den förvärmda ugnen. Grädda utan lock i 20 minuter.

2. Använd under tiden en kökssax för att skära tomaterna till såsen. Värm den återstående 1 msk olja i en kastrull på medelhög värme. Tillsätt lök, morot och vitlök; koka 3 minuter eller tills de är mjuka, rör om ofta. Blanda i de

hackade tomaterna, medelhavskryddor, cayennepeppar och en kvist rosmarin. Koka upp på medelvärme; Sänk värmen. Sjud under lock i 10 minuter, rör om då och då. Rör i vodka; koka 1 minut till; ta bort och kassera rosmarinkvisten.

3. Häll såsen över kycklingen i pannan. Sätt tillbaka pannan i ugnen. Rosta, täckt, i cirka 10 minuter eller tills kycklingen är mör och inte längre rosa (175°F). Strö över basilika om så önskas.

POULET RÔTI OCH RUTABAGA FRITES

FÖRBEREDELSE: 40 minuter tillagningstid: 40 minuter Gör: 4 portioner

KRISPIGA RUTABAGA-FRITES ÄR UTSÖKTSERVERAS MED ROSTAD KYCKLING OCH JUICE, MEN ÄR LIKA LÄCKRA PÅ EGEN HAND SOM MED PALEOKETCHUP (SE<u>RECEPT</u>) ELLER SERVERAS MED BELGISK PALEO AÏOL (VITLÖKSMAJONNÄS, SE<u>RECEPT</u>).

6 matskedar olivolja

1 matsked medelhavskrydda (se<u>recept</u>)

4 kycklinglår med ben, skinn på (cirka 1 ¼ pund totalt)

4 kycklinglår med skinn på (ca 1 kilo totalt)

1 dl torrt vitt vin

1 dl kycklingbuljong (se<u>recept</u>) eller kycklingbuljong utan salt

1 liten lök, i fjärdedelar

Olivolja

1½-2 kilo rutabaga

2 matskedar hackad färsk gräslök

Svartpeppar

1. Värm ugnen till 400°F. I en liten skål, kombinera 1 matsked olivolja och medelhavskryddor; gnid in i kycklingbitar. Hetta upp 2 msk olja i en mycket stor stekpanna. Lägg i kycklingbitarna, köttsidan nedåt. Grädda utan lock i cirka 5 minuter eller tills de är bruna. Ta kastrullen från värmen. Vänd kycklingbitarna med bruna sidan uppåt. Tillsätt vin, kycklingbensbuljong och lök.

2. Sätt formen på mittersta gallret i ugnen. Grädda utan lock i 10 minuter.

3. Smörj under tiden en stor bakplåt lätt med olivolja. Lägg åtsidan. Skala rutabaga. Använd en vass kniv och skär

rutabaga i ½-tums skivor. Skär skivorna på längden i ½ tums remsor. I en stor skål, släng rutabaga-remsorna med de återstående 3 msk olja. Bred ut rutabagaremsorna i ett enda lager på det förberedda bakplåtspappret; placera på den övre delen av ugnen. Grädda i 15 minuter; vänd på potatisen. Grädda kycklingen i ytterligare 10 minuter eller tills den inte längre är rosa (175°F). Ta ut kycklingen från ugnen. Koka potatisen i 5-10 minuter eller tills den är brun och mjuk.

4. Ta bort kycklingen och löken från pannan och spara juicen. Täck kycklingen och löken medan den är varm. Koka upp juice på medelvärme; Sänk värmen. Sjud under lock i ytterligare 5 minuter eller tills saften har avdunstat lite.

5. Till servering, tillsätt gräslökspotatis och krydda med peppar. Servera kycklingen med soppsaften och potatisen.

TRIPLE-MUSHROOM COQ AU VIN MED GRÄSLÖKSPURÉ I RUTABAGA

FÖRBEREDELSE:15 minuters tillagning: 1 timme 15 minuter Ger: 4-6 portioner

OM DET FINNS VINDRUVOR I SKÅLENEFTER ATT DEN TORKADE SVAMPEN HAR BLÖTLAGTS, SILA VÄTSKAN GENOM EN DUBBEL TJOCK OSTDUK PLACERAD ÖVER EN FIN SIL OCH DET KOMMER FÖRMODLIGEN ATT VARA KLART.

- 1 uns torkad porcini eller murklorsvamp
- 1 dl kokande vatten
- 2-2½ kilo kycklinglår och klubbor, skalade
- Svartpeppar
- 2 matskedar olivolja
- 2 medelstora purjolökar, halverade på längden, sköljda och tunt skivade
- 2 portobellosvampar, skivade
- 8 uns färska ostronskal, stjälkade och skivade eller skivade färska knappsvampar
- ¼ kopp osaltad tomatpuré
- 1 tsk torkad mejram, krossad
- ½ tsk torkad timjan, krossad
- ½ dl torrt rött vin
- 6 dl kycklingbuljong (se recept) eller kycklingbuljong utan salt
- 2 lagerblad
- 2-2½ kilo rutabaga, skalad och hackad
- 2 matskedar hackad färsk gräslök
- ½ tsk svartpeppar
- hackad färsk timjan (valfritt)

1. Blanda teet och det kokande vattnet i en liten skål; låt stå i 15 minuter. Ta bort svampen, reservera blötläggningsvätskan. Hacka svampen. Ställ svampen och blötläggningsvätskan åt sidan.

2. Strö peppar över kycklingen. Värm 1 msk olivolja i en mycket stor stekpanna med tättslutande lock på medelhög värme. Stek kycklingbitarna i två omgångar i het olja i cirka 15 minuter tills de är ljusbruna, vänd en gång. Ta bort kycklingen från pannan. Rör ner purjolök, portobellosvamp och ostronsvamp. Koka i 4-5 minuter eller tills svampen börjar få färg, rör om då och då. Rör ner tomatpuré, mejram och timjan; koka och rör om i 1 minut. Rör ner vinet; koka och rör om i 1 minut. Rör i 3 koppar kycklingbensbuljong, lagerblad, ½ kopp reserverad svampblötläggningsvätska och rehydrerad hackad svamp. Lägg tillbaka kycklingen i pannan. Vattenkokare; Sänk värmen. Sjud under lock i ca 45 minuter eller tills kycklingen är genomstekt,

3. Under tiden, i en stor kastrull, kombinera rutabagas och de återstående 3 kopparna buljong. Tillsätt eventuellt vatten för att täcka rutabaga. Vattenkokare; Sänk värmen. Sjud under lock i 25-30 minuter eller tills rutabaga är kokt, rör om då och då. Häll av rutabaga, spara vätskan. Lägg tillbaka rutabagas i grytan. Tillsätt resterande 1 msk olivolja, gräslök och ½ tsk peppar. Mosa rutabagablandningen med en potatisstöt och tillsätt matlagningsvätska för att uppnå önskad konsistens.

4. Ta bort lagerblad från kycklingblandningen; släng det inte. Servera kycklingen och såsen över den mosade rutabaga. Strö över färsk timjan om så önskas.

PEACH BRANDY GLASERADE TRUMPINNAR

FÖRBEREDELSE:30 minuter grill: 40 minuter Gör: 4 portioner

DESSA KYCKLINGFÖTTER ÄR PERFEKTAFRÅN RECEPTET, EN FLÄSKAXEL GNUGGAD MED TUNISISKA KRYDDOR MED EN KRISPIG SALLAD OCH KRYDDIG SÖTPOTATIS BAKAD I UGNEN (SERECEPT). DE PRESENTERAS HÄR MED EN KNAPRIG COLESLAW MED RÄDISA, MANGO OCH MYNTA (SERECEPT).

PERSIKA BRANDY FROSTING

- 1 matsked olivolja
- ½ kopp hackad lök
- 2 medelstora färska persikor, halverade, urkärnade och hackade
- 2 matskedar konjak
- 1 kopp BBQ-sås (serecept)
- 8 kycklinglår (2-2½ pund totalt), skalade om så önskas

1. För glasyren, värm olivoljan på medelvärme. Tillsätt löken; koka i cirka 5 minuter eller tills de är mjuka, rör om då och då. Tillsätt persikorna. Täck över och koka i 4-6 minuter eller tills persikorna är mjuka, rör om då och då. Lägg till konjak; koka under lock i 2 minuter, rör om då och då. Kyl något. Överför persikoblandningen till en mixer eller matberedare. Täck över och rör om eller bearbeta tills det är slätt. Tillsätt BBQ-sås. Täck över och rör om eller bearbeta tills det är slätt. Häll tillbaka såsen i grytan. Koka på medelvärme tills den är genomvärmd. Överför ¾ kopp av såsen till en liten skål för att pensla över kycklingen. Håll den återstående såsen varm för att servera till den grillade kycklingen.

2. För en kolgrill, placera medelvarma kol runt dropppannan. Testa medelvärme på en dropppanna. Lägg kycklinglåren på grillgallret ovanför dropppannan. Täck över och grilla i 40-50 minuter eller tills kycklingen inte längre är rosa (175°F), vänd en gång halvvägs genom grillningen och tråckla med ¾ kopp persikakonjakglasyr under de sista 5-10 minuterna. (I en gasolgrill, Förvärm grillen. Sänk värmen till medel. Justera värmen för indirekt tillagning. Lägg kycklinglåren på ett grillgaller som inte är överhettat. Täck över och grilla enligt instruktionerna.)

CHILIMARINERAD KYCKLING MED MANGO-MELONSALLAD

FÖRBEREDELSE: 40 minuter Kylning/marinering: 2-4 timmar Grillning: 50 minuter
Tillagning: 6-8 portioner

ANCHO CHILE ÄR TORKAD POBLANO– EN GLÄNSANDE DJUPGRÖN CHILI MED STARK FRÄSCH SMAK. ANCHO CHILI HAR EN LÄTT FRUKTIG SMAK MED INSLAG AV PLOMMON ELLER RUSSIN OCH BARA EN ANING BITTERHET. NEW MEXICO CHILI KAN VARA MÅTTLIGT VARMA. DET HÄR ÄR DE MÖRKRÖDA CHILIERNA DU SER HÄNGA I RISTRAS — FÄRGGLADA TORKANDE CHILI — I SYDVÄST.

KYCKLING
- 2 torkade New Mexico chili
- 2 torkade ancho chili
- 1 dl kokande vatten
- 3 matskedar olivolja
- 1 stor söt lök, skalad och tunt skivad
- 4 romska tomater, kärnade ur
- 1 msk finhackad vitlök (6 klyftor)
- 2 tsk malda spiskumminfrön
- 1 tsk torkad oregano, krossad
- 16 kycklinglår

SALLAD
- 2 dl hackad cantaloupe
- 2 dl honungssåskuber
- 2 dl tärnad mango
- ¼ kopp färsk limejuice
- 1 tsk chilipulver
- ½ tsk malen spiskummin

¼ kopp hackad färsk koriander

1. Ta bort kycklingstjälkar och frön från torkad New Mexico och ancho chili. Värm en stor stekpanna över medelvärme. Stek chilin i pannan i 1-2 minuter eller tills de är doftande och lätt rostade. Placera rostad chili i en liten skål; tillsätt kokande vatten i skålen. Låt stå i minst 10 minuter eller tills den ska användas.

2. Värm kycklingen. Klä en bakplåt med folie; pensla folien med 1 msk olivolja. Lägg lökskivorna och tomaterna i pannan. Stek ca 4 tum från värmen i 6-8 minuter eller tills den är mjuk och förkolnad. Häll av chilin och spara vattnet.

3. Till marinaden, blanda chili, lök, tomater, vitlök, spiskummin och oregano i en mixer eller matberedare. Täck över och blanda eller bearbeta tills den är slät, tillsätt reserverat vatten om det behövs för att puréa till önskad konsistens.

4. Lägg kycklingen i en stor återförslutbar plastpåse i en grund form. Häll marinaden över kycklingen i påsen och vänd påsen så att den blir jämnt täckt. Marinera i kylen i 2-4 timmar, vänd på påsen då och då.

5. Till salladen, kombinera cantaloupe, honungsdressing, mango, limejuice, återstående 2 msk olivolja, chilipulver, spiskummin och koriander i en mycket stor skål. Släng på en jacka. Täck över och kyl i 1-4 timmar.

6. För en kolgrill, placera medelvarma kol runt avloppspannan. Testa pannan för medelvärme. Låt kycklingen rinna av, spara marinaden. Lägg kycklingen på

grillgallret ovanför dropppannan. Pensla kycklingen rikligt med den reserverade marinaden (kassera överflödig marinad). Täck över och grilla i 50 minuter eller tills kycklingen inte längre är rosa (175°F), vänd en gång halvvägs genom grillningen. (På en gasolgrill Förvärm grillen. Sänk värmen till medel. Justera för indirekt tillagning. Fortsätt enligt anvisningarna genom att lägga kycklingen på den avstängda brännaren.) Servera kycklinglåren med salladen.

TANDOORI KYCKLINGLÅR MED GURKREMSOR

FÖRBEREDELSE: 20 minuter Marinering: 2-24 timmar Bakning: 25 minuter Gör: 4 portioner

RANDEN ÄR GJORD AV CASHEWNÖTSKAL, CITRONSAFT, MYNTA, KORIANDER OCH GURKA. DET GER EN SVALKANDE KONTRAST TILL DEN VARMA OCH KRYDDIGA KYCKLINGEN.

KYCKLING
- 1 lök, tunt skivad
- 1 2-tums bit färsk ingefära, skalad och i fjärdedelar
- 4 vitlöksklyftor
- 3 matskedar olivolja
- 2 matskedar färsk citronsaft
- 1 tsk malen spiskummin
- 1 tsk mald gurkmeja
- ½ tsk mald peppar
- ½ tsk mald kanel
- ½ tsk svartpeppar
- ¼ tesked cayennepeppar
- 8 kycklinglår

GURKA RAND
- 1 kopp cashewnötter (se recept)
- 1 matsked färsk citronsaft
- 1 msk hackad färsk mynta
- 1 msk hackad färsk koriander
- ½ tsk malen spiskummin
- ⅛ tsk svartpeppar
- 1 medelstor gurka, skalad, kärnad och tärnad (1 kopp)
- Citronskivor

1. Blanda lök, ingefära, vitlök, olivolja, citronsaft, spiskummin, gurkmeja, kryddpeppar, kanel, svartpeppar och cayennepeppar i en mixer. Täck över och rör om eller bearbeta tills det är slätt.

2. Använd spetsen på en skalkniv och stick hål i varje ben fyra eller fem gånger. Placera trumpinnar i en stor återförslutbar plastpåse i en stor skål. Tillsätt lökblandningen; ta på dig jackan. Marinera i kylen i 2-24 timmar, vänd på påsen då och då.

3. Värm kycklingen. Ta bort kycklingen från marinaden. Torka av överflödig marinad från björkarna med en pappershandduk. Placera björkträden på gallret på en ouppvärmd broilerpanna eller folieklädd bakplåt. Grädda 6-8 tum från värmekällan i 15 minuter. Vänd på benen; låt sjuda i cirka 10 minuter eller tills kycklingen inte längre är rosa (175°F).

4. För randen, blanda cashewnötskal, citronsaft, mynta, koriander, spiskummin och svartpeppar i en medelstor skål. Rör försiktigt ner gurkan.

5. Servera kycklingen med ränder och citronskivor.

CURRYKYCKLINGGRYTA MED GRÖNSAKER, SPARRIS OCH GRÖNT ÄPPLE-MINTSMAK

FÖRBEREDELSE:30 minuter koka: 35 minuter stå: 5 minuter Gör: 4 portioner

- 2 msk raffinerad kokosolja eller olivolja
- 2 kilo kycklingbröst med ben, skinn på om så önskas
- 1 dl hackad lök
- 2 msk riven färsk ingefära
- 2 matskedar finhackad vitlök
- 2 msk osaltat currypulver
- 2 msk hackade, fröade jalapeños (se dricks)
- 4 dl kycklingbuljong (se recept) eller kycklingbuljong utan salt
- 2 medelstora sötpotatisar (ca 1 kilo), skalade och tärnade
- 2 medelstora rovor (ca 6 uns), skalade och hackade
- 1 dl hackade tomater med frön
- 8 uns sparris, putsad och skuren i 1-tums bitar
- 1 13,5 oz burk vanlig kokosmjölk (som Nature's Way)
- ½ kopp hackad färsk koriander
- Apple-Mint Relish (se recept, Nedan)
- Limeskivor

1. Värm oljan i en 6-quart holländsk ugn på medelhög värme. Bryn kycklingen i omgångar i het olja, bryn jämnt i ca 10 minuter. Överför kyckling till tallrik; Lägg åtsidan.

2. Vänd värmen till medel. Tillsätt lök, ingefära, vitlök, currypulver och jalapeño i grytan. Koka och rör om i 5 minuter eller tills löken har mjuknat. Blanda i kycklingbensbuljong, sötpotatis, kålrot och tomat. Lägg tillbaka kycklingbitarna i grytan, blötlägg kycklingen i så mycket vätska som möjligt. Sänk värmen till medel-låg. Täck över och låt sjuda i 30 minuter eller tills kycklingen

inte längre är rosa och grönsakerna är mjuka. Blanda i sparris, kokosmjölk och koriander. Avlägsna från värme. Låt stå i 5 minuter. Skär eventuellt kycklingen från benen för att fördela den jämnt mellan serveringsskålarna. Servera med Apple-Mint Relish och limeklyftor.

Äppelmintsmak: I en matberedare, mal ½ kopp osötade kokosflingor till ett pulver. Tillsätt 1 kopp färska korianderblad och ånga; 1 kopp färska myntablad; 1 Granny Smith äpple, kärnade och hackade; 2 tsk hackad, fröad jalapeño (se<u>dricks</u>); och 1 msk färsk limejuice. Pulsera tills det är fint hackat.

GRILLAD KYCKLING PAILLARD SALLAD MED HALLON, RÖDBETOR OCH ROSTAD MANDEL

FÖRBEREDELSE:30 minuter Gräddning: 45 minuter Marinering: 15 minuter Grillning: 8 minuter Tillagning: 4 portioner

- ½ kopp hela mandlar
- 1½ tsk olivolja
- 1 medelstor rödbeta
- 1 medelstor gyllene rot
- 2 6-8 oz benfria, skinnfria kycklingbrösthalvor
- 2 dl färska eller frysta hallon, tinade
- 3 matskedar vit eller rödvinsvinäger
- 2 matskedar hackad färsk dragon
- 1 msk hackad schalottenlök
- 1 tsk senap i Dijon-stil (se recept)
- ¼ kopp olivolja
- Svartpeppar
- 8 dl vårmixsallad

1. För mandeln, förvärm ugnen till 400°F. Fördela mandlarna på en liten bakplåt och ringla ½ tsk olivolja ovanpå. Grädda i ca 5 minuter eller tills de doftar och är gyllenbruna. Låt det svalna. (Mandel kan rostas 2 dagar i förväg och förvaras i en lufttät behållare.)

2. Lägg rödbetorna på en liten bit folie och ringla ½ tsk olivolja över var och en. Linda folien löst runt rödbetorna och lägg på en plåt eller i en ugnsform. Rosta rödbetorna i 400 graders ugn i 40-50 minuter eller tills de är mjuka när de sticks hål med kniv. Ta ut ur ugnen och låt stå tills den är tillräckligt kall för att hantera. Ta bort huden med en skalpell. Skiva rödbetorna och ställ åt sidan. (Undvik att

blanda rödbetorna så att rödbetorna inte fläckar av guldbetorna. Du kan rosta rödbetorna och ställa dem i kylen 1 dygn i förväg. Ta upp till rumstemperatur innan servering.)

3. För kycklingen, skär varje kycklingbröst på mitten horisontellt. Lägg varje kycklingbit mellan två bitar plastfolie. Tryck försiktigt med en köttklubba till ca ¾ tum tjocklek. Lägg kycklingen i en grund form och ställ åt sidan.

4. För vinägretten, krossa lätt ¾ kopp hallon i en stor skål med en visp (reservera resten av hallonen till salladen). Tillsätt vinäger, dragon, schalottenlök och senap i Dijon-stil; vispa ihop. Tillsätt ¼ kopp olivolja i en tunn stråle, blanda väl. Häll ½ kopp vinägrett över kycklingen; lyft kycklingen till pälsen (reservera återstående vinägrett till sallad). Marinera kycklingen i rumstemperatur i 15 minuter. Ta bort kycklingen från marinaden och strö över peppar; kassera eventuell marinad kvar i behållaren.

5. För en kol- eller gasolgrill, lägg kycklingen direkt på grillgallret på medelvärme. Täck över och grilla i 8-10 minuter eller tills kycklingen inte längre är rosa, vänd en gång halvvägs genom grillningen. (Kycklingen kan även tillagas i grillpanna på spisen.)

6. I en stor skål, släng sallad, rödbetor och återstående 1¼ koppar hallon. Häll reserverad vinägrett över sallad; släng försiktigt in i jackan. Fördela salladen mellan fyra serveringsfat; var och en toppad med grillat kycklingbröst. Hacka den rostade mandeln och strö över allt. Servera omedelbart.

KYCKLINGBRÖST FYLLDA MED BROCCOLI RABE MED FÄRSK TOMATSÅS OCH CAESARSALLAD

FÖRBEREDELSE: 40 minuter Tillagningstid: 25 minuter Gör: 6 portioner

- 3 matskedar olivolja
- 2 teskedar hackad vitlök
- ¼ tesked krossad röd paprika
- 1 kilo broccoli rabe, putsad och hackad
- ½ kopp osavlade gyllene russin
- ½ kopp vatten
- 4 5-6 oz skinnfria benfria kycklingbrösthalvor
- 1 dl hackad lök
- 3 dl hackade tomater
- ¼ kopp hackad färsk basilika
- 2 teskedar rödvinsvinäger
- 3 matskedar färsk citronsaft
- 2 msk Paleo Mayo (se recept)
- 2 tsk senap i Dijon-stil (se recept)
- 1 tsk hackad vitlök
- ½ tsk svartpeppar
- ¼ kopp olivolja
- 10 koppar hackad romansallat

1. Värm 1 msk olivolja i en stor stekpanna på medelhög värme. Tillsätt vitlök och krossad röd paprika; koka och rör om i 30 sekunder eller tills det doftar. Tillsätt hackad broccoli rabe, russin och ½ dl vatten. Täck över och koka i cirka 8 minuter eller tills broccolibuktorerna är vissna och mjuka. Ta av locket från pannan; låt överskottet avdunsta. Åt sidan.

2. Till rullad, skär varje kycklingbröst på mitten på längden; placera varje bit mellan två bitar av plastfolie. Slå lätt kycklingen till cirka ¼ tums tjocklek med den platta sidan av en köttklubba. Placera ca ¼ kopp broccoli rabe blandning på ena kortändan av varje rulle; rulla ihop, vik sidorna så att fyllningen täcks helt. (Rulladen kan förberedas upp till 1 dag i förväg och förvaras i kylen tills den ska gräddas.)

3. Hetta upp 1 msk olivolja i en stor stekpanna på medelhög värme. Lägg i rullarna med skarven nedåt. Koka i cirka 8 minuter eller tills de fått färg på alla sidor, vänd två eller tre gånger under tillagningen. Lägg rullarna på ett fat.

4. Till såsen, värm 1 matsked av den återstående oljolan i en kastrull på medelvärme. Tillsätt löken; koka i ca 5 minuter eller tills den är genomskinlig. Rör ner tomater och basilika. Lägg rullarna på pannan ovanpå såsen. Koka upp på medelvärme; Sänk värmen. Täck över och låt sjuda i cirka 5 minuter eller tills tomaterna börjar brytas ner men fortfarande håller formen och rulladerna är genomvärmda.

5. För dressingen, kombinera citronsaft, Paleo Mayo, Dijon-liknande senap, vitlök och svartpeppar i en liten skål. Ringla i ¼ kopp olivolja och vispa tills det är emulgerat. Blanda dressingen med den hackade romainen i en stor skål. Dela romainen mellan sex serveringsfat att servera. Skiva rullar och förvara i romaine; ringla över tomatsås.

GRILLAD KYCKLING SHAWARMA WRAPS MED KRYDDIGA GRÖNSAKER OCH PINJENÖTSSÅS

FÖRBEREDELSE:20 minuter att marinera: 30 minuter att grilla: 10 minuter att förbereda: 8 wraps (4 portioner)

- 1½ pund skinnfria, benfria kycklingbrösthalvor, skurna i 2-tums bitar
- 5 matskedar olivolja
- 2 matskedar färsk citronsaft
- 1¾ tsk malen spiskummin
- 1 tsk hackad vitlök
- 1 tsk paprika
- ½ tsk currypulver
- ½ tsk mald kanel
- ¼ tesked cayennepeppar
- 1 medelstor zucchini, halverad
- 1 liten aubergine skärs i ½ tums skivor
- 1 stor gul paprika, halverad och kärnad
- 1 medelstor rödlök, i fjärdedelar
- 8 körsbärstomater
- 8 stora smörsallatsblad
- Rostad pinjenötter sås (se recept)
- Citronskivor

1. För marinaden, blanda 3 matskedar olivolja, citronsaft, 1 tsk spiskummin, vitlök, ½ tsk paprika, currypulver, ¼ tsk kanel och cayennepeppar i en liten skål. Lägg kycklingbitarna i en stor återförslutbar plastpåse i en grund form. Häll marinaden över kycklingen. Tät väska; vänd påsen över jackan. Marinera i kylen i 30 minuter, vänd på påsen då och då.

2. Ta bort kycklingen från marinaden; kassera marinaden. Trä upp kycklingen på fyra långa spett.

3. Lägg zucchini, aubergine, paprika och lök på plåten. Ringla över 2 matskedar olivolja. Strö över återstående ¾ tsk spiskummin, återstående ½ tsk paprika och återstående ¼ tsk kanel; gnid lätt över grönsakerna. Trä upp tomaterna på två spett.

3. För en kol- eller gasgrill, lägg kyckling- och tomatkebaben och grönsakerna på grillgallret på medelvärme. Täck över och grilla tills kycklingen inte längre är rosa och grönsakerna är lätt förkolnade och knapriga, vänd en gång. Ge kycklingen 10-12 minuter, grönsakerna 8-10 minuter och tomaterna 4 minuter.

4. Ta bort kycklingen från spetten. Strimla kycklingen och skär zucchini, aubergine och paprika i lagom stora bitar. Ta bort stjälkarna från tomaterna (hacka inte). Lägg upp kycklingen och grönsakerna på ett fat. Sked kyckling och grönsaker på salladsblad; ringla över rostad pinjenötssås. Servera med citronklyftor.

UGNSBRÄSERAT KYCKLINGBRÖST MED SVAMP, BLOMKÅL OCH PRESSAD VITLÖK OCH ROSTAD SPARRIS

FRÅN BÖRJAN TILL SLUT:Tillagning: 4 portioner på 50 minuter

4 10-12 oz kycklingbrösthalvor med ben, skinn på
3 koppar små vita knappar
1 kopp tunt skivad purjolök eller gul lök
2 dl kycklingbensbuljong (se recept) eller kycklingbuljong utan salt
1 dl torrt vitt vin
1 stort knippe färsk timjan
Svartpeppar
vit vinäger (valfritt)
1 blomkålshuvud, delad i buketter
12 skalade vitlöksklyftor
2 matskedar olivolja
Vit eller cayennepeppar
1 kilo sparris, skuren
2 teskedar olivolja

1. Värm ugnen till 400°F. Placera kycklingbröst i 3-quart rektangulär ugnsform; toppa med svamp och purjolök. Häll kycklingbensbuljongen och vinet över kycklingen och grönsakerna. Strö över allt med timjan och strö över svartpeppar. Täck skålen med folie.

2. Grädda i 35-40 minuter eller tills en termometer som satts in i broilern visar 170°F. Ta bort och kassera timjankvistar. Om så önskas, krydda grytavätskan med en skvätt vinäger innan servering.

2. Koka under tiden blomkålen och vitlöken i en stor kastrull med kokande vatten så att det täcker, cirka 10 minuter

eller tills det är väldigt mjukt. Häll av blomkålen och vitlöken, spara 2 matskedar av matlagningsvätskan. Lägg blomkålen och den reserverade matlagningsvätskan i en matberedare eller stor skål. Mosa till en slät massa* eller mosa med en potatisstöt; blanda i 2 msk olivolja och smaka av med vitpeppar. Håll varmt fram till servering.

3. Bred ut sparrisen i ett enda lager på plåten. Ringla 2 tsk olivolja på toppen och blanda. Strö svartpeppar på toppen. Grädda i en 400°F ugn i cirka 8 minuter eller tills de är knapriga, rör om en gång.

4. Dela den mosade blomkålen mellan sex serveringsfat. Lägg kycklingen, svampen och purjolöken ovanpå. Ringla över lite brassvätska; servera med rostad sparris.

*Obs: När du använder en matberedare, var noga med att inte överbearbeta, annars blir blomkålen för tunn.

THAILÄNDSK KYCKLINGSOPPA

FÖRBEREDELSE: 30 minuter Frys: 20 minuter Bakning: 50 minuter Gör: 4-6 portioner

TAMARIND ÄR EN MYSK, SYRLIG FRUKTANVÄNDS I INDISK, THAILÄNDSK OCH MEXIKANSK MATLAGNING. MÅNGA KOMMERSIELLT BEREDDA TAMARINDPASTOR INNEHÅLLER SOCKER – SE TILL ATT DU KÖPER EN SOM INTE INNEHÅLLER SOCKER. KAFFIRLIMEBLAD FINNS FÄRSKA, FRYSTA OCH TORKADE PÅ DE FLESTA ASIATISKA MARKNADER. OM DU INTE HITTAR DEM, BYT UT BLADEN I DETTA RECEPT MED 1½ TSK HACKAD LIMESKAL.

- 2 stjälkar citrongräs, putsade
- 2 matskedar oraffinerad kokosolja
- ½ kopp tunt skivad lök
- 3 stora vitlöksklyftor tunt skivade
- 8 dl kycklingbensbuljong (se recept) eller kycklingbuljong utan salt
- ¼ kopp sockerfri tamarindpasta (som märket Tamicon)
- 2 matskedar nori-flingor
- 3 tunt skivade färsk thailändsk chili med hela frön (se dricks)
- 3 kaffir limeblad
- 1 3-tums bit ingefära, tunt skivad
- 4 6 oz skinnfria benfria kycklingbrösthalvor
- 1 14,5-ounce burk osaltade eldrostade tärnade tomater, odränerade
- 6 uns tunna sparrisspjut, trimmade och tunt skivade diagonalt i ½-tums bitar
- ½ kopp packade thailändska basilikablad (se Notera)

1. Använd baksidan av en kniv, krossa citrongrässtjälkarna, krama ordentligt. Finhacka de brutna stjälkarna.

2. Värm kokosoljan i en holländsk ugn på medelvärme. Tillsätt citrongräs och lök; koka i 8-10 minuter, rör om ofta.

Tillsätt vitlök; koka och rör om i 2-3 minuter eller tills starkt doftande.

3. Tillsätt kycklingbensbuljong, tamarindpasta, noriflakes, chili, limeblad och ingefära. Vattenkokare; Sänk värmen. Täck över och låt sjuda i 40 minuter.

4. Frys under tiden in kycklingen i 20-30 minuter eller tills den stelnar. Skär kycklingen i tunna skivor.

5. Sila soppan genom en fin sil i en stor gryta, tryck på baksidan av en stor sked för att skilja smakerna åt. Kassera fast material. Låt soppan koka. Blanda i kycklingen, odränerade tomater, sparris och basilika. Sänk värmen; låt puttra under lock i 2-3 minuter eller tills kycklingen är genomstekt. Servera omedelbart.

CITRON-SALVIA ROSTAD KYCKLING MED ENDIVE

FÖRBEREDELSE: 15 minuter Grädda: 55 minuter Stå: 5 minuter Gör: 4 portioner

CITRONSKIVOR OCH SALVIABLADLÄGG UNDER SKINNET PÅ KYCKLINGEN, KRYDDA KÖTTET NÄR DET TILLAGAS – OCH SKAPA ETT IÖGONFALLANDE MÖNSTER UNDER DEN KRISPIGA, OGENOMSKINLIGA SKORPAN EFTER ATT DEN HAR TAGITS UT UR UGNEN.

- 4 kycklingbrösthalvor med ben (med skinn)
- 1 citron, mycket tunt skivad
- 4 stora salviablad
- 2 teskedar olivolja
- 2 teskedar medelhavskrydda (se recept)
- ½ tsk svartpeppar
- 2 matskedar extra virgin olivolja
- 2 schalottenlök, skivade
- 2 vitlöksklyftor, hackade
- 4 endivhuvuden, delade på längden

1. Värm ugnen till 400°F. Lossa försiktigt skinnet med en skalkniv på båda sidor av bröstet och låt det sitta fast på andra sidan. Lägg 2 citronskivor och 1 salviablad på varje bröst. Dra försiktigt tillbaka huden på plats och fäst med lätt tryck.

2. Lägg kycklingen i en ytlig stekpanna. Pensla kyckling med 2 tsk olivolja; strö över medelhavskrydda och ¼ tsk peppar. Grädda utan lock i cirka 55 minuter, eller tills skalet är brunt och krispigt och en termometer i kycklingen visar 170°F. Låt kanalen stå i 10 minuter innan servering.

3. Värm under tiden 2 matskedar olivolja i en stor stekpanna på medelvärme. Lägg till schalottenlök; koka i cirka 2 minuter eller tills den är genomskinlig. Strö endiven med den återstående ¼ tsk peppar. Tillsätt vitlöken i pannan. Lägg endiven i pannan, skär sidorna nedåt. Grädda i ca 5 minuter eller tills de fått färg. Vänd försiktigt på endivien; koka i ytterligare 2-3 minuter eller tills den är genomstekt. Servera med kyckling.

KYCKLING MED LÖK, VATTENKRASSE OCH RÄDISOR

FÖRBEREDELSE: 20 minuter tillagningstid: 8 minuter tillagningstid: 30 minuter Ger: 4 portioner

ÄVEN OM KOKANDE RÄDISOR KAN VERKA KONSTIGT, DE ÄR KNAPPT TILLAGADE HÄR – PRECIS TILLRÄCKLIGT FÖR ATT MJUKNA OCH MJUKA UPP LITE PEPPAR.

- 3 matskedar olivolja
- 4 10-12 oz kycklingbrösthalvor med ben (på huden)
- 1 matsked citron-örtkrydda (se recept)
- ¾ kopp skivad lök
- 6 rädisor i tunna skivor
- ¼ tsk svartpeppar
- ½ kopp torr vit vermouth eller torrt vitt vin
- ⅓ kopp cashewnötter (se recept)
- 1 knippe vattenkrasse, stjälkar skurna, grovt hackade
- 1 msk hackad färsk dill

1. Värm ugnen till 350°F. Hetta upp olivoljan i en stor panna på medelvärme. Torka kycklingen torr med hushållspapper. Stek kycklingen med skinnsidan nedåt i 4-5 minuter eller tills skinnet är gyllenbrunt och krispigt. Vänd på kycklingen; stek i ca 4 minuter eller tills de fått färg. Lägg kycklingen med skinnsidan uppåt i en grund ugnsform. Strö citronörtkryddan över kycklingen. Grädda i cirka 30 minuter eller tills en termometer som satts in i broilern visar 170°F.

2. Häll under tiden allt utom 1 matsked av de rinnande ingredienserna i pannan; värm pannan. Tillsätt lök och rädisa; koka i ca 3 minuter eller tills vitlöken vissnat. Strö

peppar ovanpå. Tillsätt vermouth, rör om för att ta bort de brynta bitarna. Vattenkokare; koka tills det reducerats och tjocknat något. Rör ner cashewbarken; Koka upp. Ta bort pannan från värmen; tillsätt vattenkrasse och dill, rör om försiktigt tills vattenkrasse torkar. Blanda i kycklingjuicerna som har samlats i ugnsformen.

3. Fördela vitlöksblandningen mellan fyra serveringsfat; förutom kycklingen.

KYCKLING TIKKA MASALA

FÖRBEREDELSE:30 minuter Marinering: 4-6 timmar Tillagning: 15 minuter Bakning: 8 minuter Tillagning: 4 portioner

DEN VAR INSPIRERAD AV EN MYCKET POPULÄR INDISK MATRÄTTSOM KANSKE INTE ALLS HAR SKAPATS I INDIEN, UTAN SNARARE PÅ EN INDISK RESTAURANG I STORBRITANNIEN. TRADITIONELL CHICKEN TIKKA MASALA KRÄVER ATT KYCKLINGEN MARINERAS I YOGHURT OCH SEDAN TOPPAS MED GRÄDDE I EN KRYDDIG TOMATSÅS. UTAN ATT SPÄDA SMAKEN AV SÅSEN MED MJÖLK HAR DENNA VERSION EN SÄRSKILT REN SMAK. ISTÄLLET FÖR RIS SERVERAS DEN MED KRISPIGA ZUCCHININUDLAR.

- 1½ kilo skinnfria, benfria kycklinglår eller kycklingbröst
- ¾ kopp naturlig kokosmjölk (t.ex. Nature's Way)
- 6 vitlöksklyftor, hackade
- 1 msk riven färsk ingefära
- 1 tsk mald koriander
- 1 tsk paprika
- 1 tsk malen spiskummin
- ¼ tesked mald kardemumma
- 4 matskedar raffinerad kokosolja
- 1 dl riven morot
- 1 tunt skivad selleri
- ½ kopp hackad lök
- 2 jalapeño eller serrano chili, kärnade (valfritt) och hackade (sedricks)
- 1 14,5-ounce burk osaltade eldrostade tärnade tomater, odränerade
- 1 8 oz tomatsås utan salttillsats
- 1 tsk osaltad garam masala
- 3 medelstora zucchini
- ½ tsk svartpeppar
- Färska korianderblad

1. Om du använder kycklinglår, skär varje lår i tre bitar. Om du använder kycklingbrösthalvor, skär varje brösthalva i 2-tums bitar och skär alla tjocka delar horisontellt på mitten för att göra dem tunnare. Lägg kycklingen i en stor återförslutbar plastpåse; Lägg åtsidan. För marinaden, kombinera ½ kopp kokosmjölk, vitlök, ingefära, koriander, paprika, spiskummin och kardemumma i en liten skål. Häll marinaden över kycklingen i påsen. Stäng påsen och vänd kycklingen så att den täcker. Placera påsen i medium skål; marinera i kylen i 4-6 timmar, vänd på påsen då och då.

2. Värm kycklingen. Värm 2 matskedar kokosolja i en stor stekpanna på medelvärme. Tillsätt morot, selleri och lök; koka 6-8 minuter eller tills grönsakerna är mjuka, rör om då och då. Lägg till jalapeños; koka och rör om i 1 minut till. Tillsätt de odränerade tomaterna och tomatsåsen. Vattenkokare; Sänk värmen. Sjud under lock i ca 5 minuter eller tills såsen tjocknar lite.

3. Låt kycklingen rinna av, släng marinaden. Ordna kycklingbitarna i ett enda lager på det ouppvärmda gallret på broilerpannan. Grädda 5 till 6 tum från värme i 8 till 10 minuter eller tills kycklingen inte längre är rosa och vänder halvvägs genom tillagningen. Tillsätt de kokta kycklingbitarna och den återstående ¼ koppen kokosmjölk till tomatblandningen i pannan. Koka i 1-2 minuter eller tills den är genomvärmd. Avlägsna från värme; rör ner garam masala.

4. Skär ändarna av zucchinin. Skär zucchinin i långa tunna strimlor med en julienneskärare. I en mycket stor

stekpanna, värm de återstående 2 matskedar kokosolja på medelhög värme. Tillsätt zucchinistrimlor och svartpeppar. Koka och rör om i 2-3 minuter eller tills zucchinin är knaprig.

5. Dela zucchinin mellan fyra serveringsfat att servera. Toppa med kycklingblandningen. Garnera med korianderblad.

RAS EL HANOUT KYCKLINGLÅR

FÖRBEREDELSE:20 minuter gräddningstid: 40 minuter Gör: 4 portioner

RAS EL HANOUT ÄR KOMPLICERAT OCH EN EXOTISK MAROCKANSK KRYDDBLANDNING. UTTRYCKET BETYDER "BUTIKSCHEF" PÅ ARABISKA, VILKET BETYDER ATT DET ÄR EN UNIK BLANDNING AV DE BÄSTA KRYDDORNA SOM KRYDDSÄLJAREN HAR ATT ERBJUDA. DET FINNS INGET FAST RECEPT PÅ RAS EL HANOUT, MEN DET INNEHÅLLER OFTA INGEFÄRA, ANIS, KANEL, MUSKOTNÖT, PEPPAR, KRYDDNEJLIKA, KARDEMUMMA, TORKADE BLOMMOR SOM LAVENDEL OCH ROS, NIGELLA, MUSKOT, GALANGAL OCH GURKMEJA.

- 1 msk malda spiskumminfrön
- 2 teskedar mald ingefära
- 1½ tsk svartpeppar
- 1½ tsk mald kanel
- 1 tsk mald koriander
- 1 tsk cayennepeppar
- 1 tsk mald kryddpeppar
- ½ tsk mald kryddnejlika
- ¼ tesked mald muskotnöt
- 1 tsk saffranstrådar (valfritt)
- 4 matskedar oraffinerad kokosolja
- 8 kycklinglår med ben
- 1 8-ounce paket färska svampar, skivade
- 1 dl hackad lök
- 1 kopp hackad röd, gul eller grön paprika (1 stor)
- 4 romska tomater, kärnade och hackade
- 4 vitlöksklyftor, hackade
- 2 13,5 oz burkar naturlig kokosmjölk (som Nature's Way)
- 3-4 matskedar färsk limejuice
- ¼ kopp hackad färsk koriander

1. Förbered ras el hanout genom att kombinera spiskummin, ingefära, svartpeppar, kanel, koriander, cayennepeppar, kryddpeppar, kryddnejlika, muskotnöt och, om så önskas, saffran i en medelstor mortel eller liten skål. Mal väl med en mortelstöt eller sked. Åt sidan.

2. Värm 2 matskedar kokosolja i en mycket stor stekpanna på medelvärme. Strö 1 msk ras el hanout över kycklinglåren. Lägg till kyckling i pannan; koka i 5-6 minuter eller tills de fått färg, vänd en gång halvvägs genom tillagningen. Ta bort kycklingen från pannan; hålla värmen.

3. Värm de återstående 2 msk kokosolja på medelvärme i samma panna. Tillsätt svamp, lök, paprika, tomater och vitlök. Koka och rör om i cirka 5 minuter eller tills grönsakerna är kokta. Blanda i kokosmjölken, limejuice och 1 msk ras el hanout. Lägg tillbaka kycklingen i pannan. Vattenkokare; Sänk värmen. Sjud under lock i cirka 30 minuter eller tills kycklingen är genomstekt (175°F).

4. Servera kycklingen, grönsakerna och såsen i skålar. Garnera med koriander.

Notera. Förvara överbliven Ras el Hanout i en täckt behållare i upp till 1 månad.

STAR FRUIT ADOBO KYCKLINGLÅR PÅ BRÄSERAD SPENAT

FÖRBEREDELSE: 40 minuter Marinering: 4-8 timmar Tillagning: 45 minuter Ger: 4 portioner

KLAPPA KYCKLINGEN TORR OM DET BEHÖVS INNAN DU BRYNER MED HUSHÅLLSPAPPER EFTER ATT HA LÄMNAT MARINADEN. VÄTSKAN SOM FINNS KVAR PÅ KÖTTET STÄNKER NER I DEN HETA OLJAN.

- 8 kycklinglår med ben (1½ till 2 pund), utan skinn
- ¾ kopp vit eller cidervinäger
- ¾ kopp färsk apelsinjuice
- ½ kopp vatten
- ¼ kopp hackad lök
- ¼ kopp hackad färsk koriander
- 4 vitlöksklyftor, hackade
- ½ tsk svartpeppar
- 1 matsked olivolja
- 1 stjärnfrukt (carambola), skivad
- 1 dl kycklingbuljong (se recept) eller kycklingbuljong utan salt
- 2 9-ounce förpackningar färska spenatblad
- Färska korianderblad (valfritt)

1. Placera kycklingen i rostfritt stål eller emalj holländsk ugn; Lägg åtsidan. I en medelstor skål, kombinera vinäger, apelsinjuice, vatten, lök, ¼ kopp hackad koriander, vitlök och peppar; häll över kycklingen. Täck över och marinera i kylen i 4-8 timmar.

2. Värm kycklingblandningen i holländsk ugn på medelvärme tills den kokar; Sänk värmen. Täck över och låt sjuda i 35-

40 minuter eller tills kycklingen inte längre är rosa (175°F).

3. Hetta upp oljan i en mycket stor stekpanna på medelvärme. Använd en tång och ta bort kycklingen från den holländska ugnen, skaka försiktigt för att rinna av matlagningsvätskan. reservera matlagningsvätskan. Bryn kycklingen på alla sidor, vänd ofta, tills den fått en jämn färg.

4. Sila under tiden kokvätskan från såsen; tillbaka till holländsk ugn. Koka upp. Koka i cirka 4 minuter för att reducera och tjockna något; mer starfruit; koka i 1 minut till. Lägg tillbaka kycklingen i den holländska ugnssåsen. Avlägsna från värme; lock för att hålla sig varm.

5. Torka av pannan. Häll kycklingbensbuljongen i pannan. Koka upp på medelvärme; rör ner spenaten. Sänk värmen; koka under konstant omrörning i 1-2 minuter eller tills spenaten precis vissnat. Häll upp spenaten på ett serveringsfat. Toppa med kyckling och sås. Om så önskas, strö över korianderblad.

KYCKLING POBLANO KÅL TACOS MED CHIPOTLE MAYO

FÖRBEREDELSE: 25 minuter Grädda: 40 minuter Gör: 4 portioner

SERVERA DESSA STÖKIGA MEN LÄCKRA TACOS ANVÄND EN GAFFEL FÖR ATT PLOCKA UPP FYLLNINGEN SOM FALLER FRÅN KÅLBLADET MEDAN DU ÄTER.

1 matsked olivolja

2 poblano chili, kärnade (valfritt) och hackade (se dricks)

½ kopp hackad lök

3 vitlöksklyftor, hackade

1 msk saltfritt chilipulver

2 tsk malda spiskumminfrön

½ tsk svartpeppar

1 8 oz tomatsås utan salttillsats

¾ kopp kycklingbensbuljong (se recept) eller kycklingbuljong utan salt

1 tsk torkad mexikansk oregano, krossad

1-1½ kilo skinnfria, benfria kycklinglår

10-12 medelstora eller stora kålblad

Chipotle Paleo Mayo (se recept)

1. Värm ugnen till 350°F. Hetta upp oljan i en stor ugnssäker panna på medelvärme. Tillsätt poblano chili, lök och vitlök; koka och rör om i 2 minuter. Blanda chilipulver, spiskummin och svartpeppar; koka och rör om i 1 minut till (minska värmen om det behövs för att förhindra att kryddorna bränns).

2. Tillsätt tomatsås, kycklingbensbuljong och oregano i pannan. Koka upp. Lägg försiktigt ner kycklinglåren i tomatblandningen. Täck pannan med ett lock. Grädda i

cirka 40 minuter eller tills kycklingen är genomstekt (175°F), vänd kycklingen halvvägs.

3. Ta bort kycklingen från pannan; att svalna något. Riv kycklingen i lagom stora bitar med två gafflar. Blanda den hackade kycklingen i pannan med tomatblandningen.

4. Skeda ner kycklingblandningen i kålbladen för att servera; toppad med Chipotle Paleo Mayo.

KYCKLINGGRYTA MED MOROT OCH BOK CHOY

FÖRBEREDELSE:15 minuter tillagning: 24 minuter stående: 2 minuter Ger: 4 portioner

BABY BOK CHOY ÄR MYCKET KÄNSLIGOCH ÖVERKOKAR PÅ NOLLTID. FÖR ATT HÅLLA DEN KRISPIG OCH FRÄSCH - INTE VISSEN OCH BLÖT - SE TILL ATT DEN ÅNGAR I EN HET GRYTA MED LOCK (AV VÄRMEN) I HÖGST 2 MINUTER INNAN DU SERVERAR GRYTAN.

- 2 matskedar olivolja
- 1 purjolök, skivad (vita och ljusgröna delar)
- 4 dl kycklingbuljong (se recept) eller kycklingbuljong utan salt
- 1 dl torrt vitt vin
- 1 msk senap i Dijon-stil (se recept)
- ½ tsk svartpeppar
- 1 kvist färsk timjan
- 1¼ pund skinnfria, benfria kycklinglår, skurna i 1-tums bitar
- 8 uns toppmorötter, skalade, putsade och halverade på längden, eller 2 medelstora morötter, skivade
- 2 tsk hackat citronskal (lägg åt sidan)
- 1 matsked färsk citronsaft
- 2 huvuden baby bok choy
- ½ tsk hackad färsk timjan

1. Värm 1 msk olivolja i en stor kastrull på medelvärme. Fräs purjolöken i het olja i 3-4 minuter eller tills den är torr. Tillsätt kycklingbensbuljongen, vinet, senap i dijonstil, ¼ tsk peppar och en timjankvist. Vattenkokare; Sänk värmen. Grädda i 10-12 minuter eller tills vätskan minskat med cirka en tredjedel. Kasta timjankvisten.

2. Värm under tiden den återstående 1 msk olivolja i en holländsk ugn på medelvärme. Strö kycklingen med återstående ¼ tesked peppar. Stek i het olja i cirka 3 minuter eller tills de är bruna, rör om då och då. Häll eventuellt av fettet. Tillsätt försiktigt den reducerade fonden i grytan, skrapa upp de bruna bitarna. tillsätt morötterna. Vattenkokare; Sänk värmen. Sjud under lock i 8-10 minuter eller tills morötterna är kokta. Blanda i citronsaften. Skär bok choy på längden. (Om bok choy-huvudena är stora, skär dem i fjärdedelar.) Lägg bok choy ovanpå kycklingen i grytan. Täck och ta bort från värmen; låt stå i 2 minuter.

3. Häll grytan i grunda skålar. Strö citronskal och timjan på toppen.

CASHEW-APELSIN KYCKLING OCH PAPRIKA I BLANDADE SALLADSWRAPS

FRÅN BÖRJAN TILL SLUT: 45 minuter att förbereda: 4-6 portioner

DU HITTAR TVÅ TYPERKOKOSOLJA PÅ HYLLORNA - RAFFINERAD OCH EXTRA VIRGIN ELLER ORAFFINERAD. SOM NAMNET ANTYDER ÄR EXTRA VIRGIN KOKOSOLJA FÄRSK, RÅ KOKOSOLJA SOM HAR PRESSATS FÖR FÖRSTA GÅNGEN. DET ÄR ALLTID ETT BÄTTRE VAL OM DU LAGAR MAT PÅ MEDELHÖG ELLER MEDELHÖG VÄRME. RAFFINERAD KOKOSOLJA HAR EN HÖGRE RÖKPUNKT, SÅ ANVÄND DEN BARA NÄR DU LAGAR MAT PÅ HÖG VÄRME.

- 1 matsked raffinerad kokosolja
- 1½ till 2 pund skinnfria, benfria kycklinglår, skurna i tunna lagom stora strimlor
- 3 röda, orange och/eller gula paprikor, stjälkar, frön och tunt skivade i lagom stora strimlor
- 1 rödlök, halverad på längden och tunt skivad
- 1 tsk hackat apelsinskal (lägg åt sidan)
- ½ kopp färsk apelsinjuice
- 1 msk hackad färsk ingefära
- 3 vitlöksklyftor, hackade
- 1 kopp osaltade råa cashewnötter, rostade och grovt hackade (se dricks)
- ½ kopp skivad grön lök (4)
- 8-10 st smör eller isbergssallad

1. Hetta upp kokosoljan i en wok eller stor panna på hög värme. Lägg till kyckling; koka och rör om i 2 minuter. Tillsätt paprika och lök; koka och rör om i 2-3 minuter eller tills grönsakerna precis börjar mjukna. Ta bort kyckling och grönsaker från woken; hålla värmen.

2. Torka av wokpannan med hushållspapper. Tillsätt apelsinjuicen i woken. Koka i cirka 3 minuter eller tills juicen kokar och reducera något. Tillsätt ingefära och vitlök. Koka upp och rör om i 1 minut. Lägg tillbaka kyckling- och pepparblandningen i woken. Blanda i apelsinskal, cashewnötter och lök. Servera i en stekpanna med salladsblad.

VIETNAMESISK KOKOS CITRONGRÄSKYCKLING

FRÅN BÖRJAN TILL SLUT:Tillagning: 4 portioner på 30 minuter

DENNA SNABBA KOKOSCURRYKAN VARA PÅ BORDET PÅ 30 MINUTER NÄR DU BÖRJAR HACKA, VILKET GÖR DET TILL DEN PERFEKTA MÅLTIDEN FÖR EN HEKTISK VECKOKVÄLL.

1 matsked oraffinerad kokosolja

4 stjälkar citrongräs (endast ljusa delar)

1 3,2-ounce paket ostronsvampar, förpackade

1 stor lök tunt skivad, ringar delade

1 färsk jalapeño, kärnad och hackad (se dricks)

2 matskedar hackad färsk ingefära

3 vitlöksklyftor, hackade

1½ kilo benfria kycklinglår utan skinn, tunt skivade och skurna i lagom stora bitar

½ kopp naturlig kokosmjölk (t.ex. Nature's Way)

½ kopp kycklingbensbuljong (se recept) eller kycklingbuljong utan salt

1 msk osaltat rött currypulver

½ tsk svartpeppar

½ kopp hackade färska basilikablad

2 msk färsk limejuice

Osötad rakad kokosnöt (valfritt)

1. Hetta upp kokosoljan i en mycket stor panna på medelvärme. Lägg till citrongräs; koka och rör om i 1 minut. Tillsätt svamp, lök, jalapeño, ingefära och vitlök; koka och rör om i 2 minuter eller tills löken är mjuk. Lägg till kyckling; stek i ca 3 minuter eller tills kycklingen är genomstekt.

2. Blanda kokosmjölk, kycklingbensbuljong, currypulver och svartpeppar i en liten skål. Lägg till kycklingblandningen i

pannan; koka i 1 minut eller tills vätskan har tjocknat något. Avlägsna från värme; rör ner färsk basilika och limejuice. Om så önskas, strö över delarna med kokos.

GRILLAD KYCKLING OCH ÄPPLE ESCAROLE SALLAD

FÖRBEREDELSE:30 minuter grillning: 12 minuter Gör: 4 portioner

OM DU GILLAR ETT SÖTARE ÄPPLE,GÅ MED HONUNGSKINDEN. OM DU GILLAR ETT SYRLIGT ÄPPLE, ANVÄND EN GRANNY SMITH ELLER PROVA EN KOMBINATION AV DE TVÅ SORTERNA FÖR BALANS.

3 medium Honeycrisp eller Granny Smith äpplen
4 matskedar extra virgin olivolja
½ dl hackad schalottenlök
2 matskedar hackad färsk persilja
1 msk fågelkrydda
3-4 escarolehuvuden, i fjärdedelar
1 kilo malet kyckling- eller kalkonbröst
⅓ kopp hackade rostade hasselnötter*
⅓ kopp klassisk fransk vinägrett (se recept)

1. Halvera äpplena och ta bort kärnhuset. Skala och hacka 1 äpple. Värm 1 tsk olivolja på medelhög värme. Tillsätt hackat äpple och schalottenlök; koka tills den är mjuk. Blanda i persilja och fågelkrydda. Ställ åt sidan för att svalna.

2. Ta under tiden bort kärnorna från de två återstående äpplena och skär dem i skivor. Pensla de skurna sidorna av äppelskivorna och escarole med den återstående olivoljan. Kombinera kyckling och kyld äppelblandning i en stor skål. Dela upp i åtta delar; forma varje del till biffar 2 tum i diameter.

3. För en kol- eller gasgrill, lägg kycklingbiffarna och äppelklyftorna direkt på grillgallret på medelvärme. Täck över och grilla i 10 minuter, vänd en gång halvvägs genom grillningen. Tillsätt escarole, skär sidorna nedåt. Täck och grilla 2 till 4 minuter, eller tills escarole är lätt förkolnat, äpplena är mjuka och kycklingbiffar (165 ° F) är genomstekta.

4. Hacka escarole grovt. Dela escarole mellan fyra serveringsfat. Lägg kycklingbitarna, äppelklyftorna och hasselnötterna ovanpå. Ringla över klassisk fransk vinägrett.

*Tips: Värm ugnen till 350°F för att rosta hasselnötter. Fördela nötterna i ett enda lager i en grund ugnsform. Grädda i 8-10 minuter eller tills de fått lite färg. Rör om en gång så det kokar jämnt. Kyl nötterna något. Lägg de varma nötterna på en ren kökshandduk; gnugga med en handduk för att ta bort lösa skal.

TOSKANSK KYCKLINGSOPPA MED STRIMLOR AV GRÖNKÅL

FÖRBEREDELSE:15 minuters tillagning: 20 minuter Ger: 4-6 portioner

EN SKED PESTO– DITT VAL AV BASILIKA ELLER RUCCOLA – GER EN UNDERBAR SMAK TILL DENNA SALTFRIA, VÄLSMAKANDE SOPPA KRYDDAD MED FÅGELKRYDDA. FÖR ATT HÅLLA GRÖNKÅLSREMSORNA LJUSGRÖNA OCH SÅ NÄRINGSRIKA SOM MÖJLIGT, KOKA DEM BARA TILLS DE VISSNAT.

- 1 kilo mald kyckling
- 2 msk osaltad fågelkrydda
- 1 tsk hackat citronskal
- 1 matsked olivolja
- 1 dl hackad lök
- ½ kopp rivna morötter
- 1 dl hackad selleri
- 4 vitlöksklyftor, skivade
- 4 dl kycklingbuljong (se recept) eller kycklingbuljong utan salt
- 1 14,5-ounce burk osaltade, eldrostade tomater, ej torkade
- 1 knippe Lacinato (Toscana) kål, stjälkarna borttagna, skurna i strimlor
- 2 matskedar färsk citronsaft
- 1 tsk hackad färsk timjan
- Basilika eller rucolapesto (se recept)

1. I en medelstor skål, kombinera mald kyckling, fågelkrydda och citronskal. Blanda väl.

2. Värm olivoljan i en holländsk ugn på medelvärme. Tillsätt kycklingblandning, lök, morot och selleri; koka i 5-8 minuter eller tills kycklingen inte längre är rosa, rör om med en träslev för att bryta upp köttet och tillsätt vitlöksklyftorna under den sista minuten. Tillsätt

kycklingbensbuljong och tomater. Vattenkokare; Sänk värmen. Täck över och låt sjuda i 15 minuter. Blanda i grönkål, citronsaft och timjan. Sjud under lock i ca 5 minuter eller tills grönkålen precis är torr.

3. För att servera, häll soppan i serveringsskålar och strö över basilika eller ruccolapesto.

KYCKLING LARB

FÖRBEREDELSE: 15 minuter bakning: 8 minuter kylning: 20 minuter Gör: 4 portioner

DENNA VERSION AV EN POPULÄR THAILÄNDSK MATRÄTTDEN MYCKET KRYDDADE MALDA KYCKLINGEN OCH GRÖNSAKERNA SOM SERVERAS I SALLADSBLAD ÄR OTROLIGT LÄTTA OCH GODA – UTAN SOCKER, SALT OCH FISKSÅS (SOM HAR MYCKET NATRIUM) SOM TRADITIONELLT FINNS I INGREDIENSLISTAN. VITLÖK, THAILÄNDSK CHILI, CITRONGRÄS, LIMESKAL, LIMEJUICE, MYNTA OCH KORIANDER FÅR DU INTE MISSA.

- 1 matsked raffinerad kokosolja
- 2 kilo mald kyckling (95 % magert eller malet bröst)
- 8 uns knappsvamp, hackad
- 1 dl hackad rödlök
- 1-2 thailändska chili, kärnade och hackade (se dricks)
- 2 matskedar finhackad vitlök
- 2 msk finhackat citrongräs*
- ¼ tesked mald kryddnejlika
- ¼ tsk svartpeppar
- 1 msk hackad limeskal
- ½ kopp färsk limejuice
- ⅓ kopp tätt packade färska myntablad, hackade
- ⅓ kopp tätt packad färsk koriander, hackad
- 1 huvud isbergssallad skuren i blad

1. Hetta upp kokosoljan i en mycket stor panna på medelvärme. Tillsätt mald kyckling, svamp, lök, chili(ar), vitlök, citrongräs, kryddnejlika och svartpeppar. Koka i 8-10 minuter eller tills kycklingen är genomstekt. Rör om med en träslev för att bryta upp köttet när det tillagas. Sila om det behövs. Överför kycklingblandningen till en

mycket stor skål. Låt svalna i cirka 20 minuter eller tills något rumstemperatur, rör om då och då.

2. Blanda ner limeskal, limesaft, mynta och koriander i kycklingblandningen. Servera på salladsblad.

*Tips: Du behöver en vass kniv för att göra citrongräs. Skär bort den vedartade stjälken från stammens bas och de starka gröna bladen från toppen av växten. Ta bort de två hårda yttre lagren. Du bör ha en bit citrongräs som är cirka 6 tum lång och ljusgul-vit. Skär stammen på mitten horisontellt och skär sedan båda halvorna igen. Skär varje stjälkfjärdedel i mycket tunna skivor.

KYCKLINGBURGARE MED SZECHWAN CASHEWSÅS

FÖRBEREDELSE: 30 minuter tillagning: 5 minuter grillning: 14 minuter Ger: 4 portioner

CHILIOLJA GJORD GENOM UPPVÄRMNINGOLIVOLJA MED KROSSAD RÖD PAPRIKA KAN OCKSÅ ANVÄNDAS PÅ ANDRA SÄTT. ANVÄND DEN FÖR ATT STEKA FÄRSKA GRÖNSAKER ELLER STRÖ ÖVER DEM MED CHILIOLJA INNAN DU STEKER.

- 2 matskedar olivolja
- ¼ tesked krossad röd paprika
- 2 koppar råa cashewnötter, rostade (se dricks)
- ¼ kopp olivolja
- ½ kopp hackad zucchini
- ¼ kopp finhackad gräslök
- 2 vitlöksklyftor, hackade
- 2 tsk hackat citronskal
- 2 tsk riven färsk ingefära
- 1 kilo malet kyckling- eller kalkonbröst

SZECHWAN CASHEWSÅS

- 1 matsked olivolja
- 2 msk hackad vårlök
- 1 msk riven färsk ingefära
- 1 tsk kinesiskt fem kryddor pulver
- 1 tsk färsk limejuice
- 4 gröna blad eller smörsallatsblad

1. För chiliolja, blanda olivolja och krossad röd paprika i en liten kastrull. Värm på låg värme i 5 minuter. Avlägsna från värme; Låt det svalna.

2. Till cashewsmöret, lägg cashewnötterna och 1 msk olivolja i en mixer. Täck över och blanda tills det är krämigt, skrapa

ner kanterna efter behov och tillsätt olivolja 1 matsked åt gången tills alla ¼ kopp är förbrukade och smöret är mycket mjukt; Lägg åtsidan.

3. Blanda zucchini, gräslök, vitlök, citronskal och 2 tsk ingefära i en stor skål. Tillsätt mald kyckling; Blanda väl. Forma kycklingblandningen till fyra ½ tum tjocka biffar.

4. För en kol- eller gasgrill, lägg biffar på en smord stekpanna direkt på medelvärme. Täck och grilla i 14-16 minuter eller tills de är mjuka (165°F), vänd en gång halvvägs genom grillningen.

5. Värm under tiden olivoljan i en liten panna på medelvärme för såsen. Tillsätt salladslök och 1 matsked ingefära; koka på medelvärme i 2 minuter eller tills löken mjuknat. Tillsätt ½ kopp cashewsmör (frys cashewsmör i upp till 1 vecka), chiliolja, limejuice och pulver med fem kryddor. Koka i ytterligare 2 minuter. Avlägsna från värme.

6. Servera kotletterna med salladsblad. Ringla över sås.

KALKON KYCKLING WRAPS

FÖRBEREDELSE: 25 minuter stå: 15 minuter koka: 8 minuter Gör: 4-6 portioner

"BAHARAT" BETYDER HELT ENKELT "KRYDDA" PÅ ARABISKA. EN UNIVERSELL KRYDDA I MELLANÖSTERN KÖKET, DEN ANVÄNDS OFTA SOM EN GNIDNING PÅ FISK, FÅGEL OCH KÖTT, ELLER BLANDAS MED OLIVOLJA OCH ANVÄNDS SOM EN GRÖNSAKSMARINAD. KOMBINATIONEN AV VARMA SÖTA KRYDDOR SOM KANEL, SPISKUMMIN, KORIANDER, KRYDDNEJLIKA OCH PAPRIKA GÖR DEN EXTRA AROMATISK. ATT LÄGGA TILL TORKAD MYNTA ÄR EN TURKISK TOUCH.

- ⅓ kopp hackade svavelfria torkade aprikoser
- ⅓ kopp hackade torkade fikon
- 1 matsked oraffinerad kokosolja
- 1½ kilo malet kycklingbröst
- 3 koppar skivad purjolök (endast vita och ljusgröna delar) (3)
- ⅔ tunt skivad medelgrön och/eller röd paprika
- 2 matskedar Baharat-kryddor (se recept, Nedan)
- 2 vitlöksklyftor, hackade
- 1 kopp hackade tomater med frön (2 medelstora)
- 1 kopp tärnad fröade gurkor (½ medium)
- ½ kopp hackade skalade osaltade pistagenötter, rostade (se dricks)
- ¼ kopp hackad färsk mynta
- ¼ kopp hackad färsk persilja
- 8-12 stora smörhuvuds- eller Bibb-sallatsblad

1. Lägg aprikoserna och fikonen i en liten skål. Tillsätt ⅔ kopp kokande vatten; låt stå i 15 minuter. Häll av, reservera ½ kopp vätska.

2. Värm under tiden kokosoljan i en mycket stor stekpanna på medelvärme. Tillsätt mald kyckling; koka i 3 minuter, rör

om med en träslev för att bryta upp köttet när det tillagas. Tillsätt purjolök, paprika, baharati krydda och vitlök; koka och rör om i ca 3 minuter eller tills kycklingen är genomstekt och paprikan mjuk. Tillsätt aprikoser, fikon, reserverad vätska, tomater och gurka. Koka och rör om i cirka 2 minuter eller tills tomaterna och gurkan börjar brytas ner. Blanda i pistagenötter, mynta och persilja.

3. Servera kycklingen och grönsakerna i salladsblad.

Baharat krydda: Kombinera 2 matskedar söt paprika i en liten skål; 1 matsked svartpeppar; 2 teskedar torkad mynta, fint krossad; 2 teskedar mald spiskummin; 2 tsk mald koriander; 2 teskedar mald kanel; 2 teskedar mald kryddnejlika; 1 tesked mald muskotnöt; och 1 tsk mald kardemumma. Förvara i en tättsluten behållare i rumstemperatur. Gör cirka ½ kopp.

SPANSKA CORNISH HÖNS

FÖRBEREDELSE:10 minuter Grädda: 30 minuter Grädda: 6 minuter Gör: 2-3 portioner

DET HÄR RECEPTET KAN INTE BLI ENKLARE– OCH RESULTATEN ÄR HELT OTROLIGA. MYCKET RÖKT PAPRIKA, VITLÖK OCH CITRON GER DESSA SMÅ FÅGLAR STOR SMAK.

- 2 1½ pund Cornish höns, tinade om de är frysta
- 1 matsked olivolja
- 6 vitlöksklyftor, hackade
- 2-3 matskedar rökt söt paprika
- ¼ till ½ tesked cayennepeppar (valfritt)
- 2 citroner, i fjärdedelar
- 2 msk hackad färsk persilja (valfritt)

1. Värm ugnen till 375°F. Du kan inkvartera viltkycklingar med en kökssax eller en vass kniv genom att skära av den smala ryggraden på båda sidor. Fjäril fågeln och skär kycklingen på mitten genom bröstbenet. Ta bort bakdelen genom att skära bort skinn och kött, separera låren från bröstet. Håll vingen och bröstet intakta. Gnid in de Cornish kycklingbitarna med olivolja. Strö hackad vitlök ovanpå.

2. Lägg kycklingbitarna med skinnsidan uppåt i en mycket stor ugnsform. Strö rökt paprika och cayenne på toppen. Pressa en kvarts citron över kycklingarna; tillsätt citronkvartarna i pannan. Vänd kycklingbitarna i pannan med skinnsidan nedåt. Täck och grädda i 30 minuter. Ta ut grytan ur ugnen.

3. Värm kycklingen. Vänd bitarna med en tång. Justera ugnsgallret. Stek 4 till 5 tum från värme i 6 till 8 minuter,

tills huden är brun och kycklingen är genomstekt (175 ° F). Häll av med pan saft. Strö över persilja om så önskas.

PISTAGESTEKTA CORNISH HÖNS MED RUCOLA, APRIKOS OCH FÄNKÅLSSALLAD

FÖRBEREDELSE:30 minuter Kylning: 2-12 timmar Rostning: 50 minuter Stå: 10 minuter Tillagning: 8 portioner

FÖRBEREDD PISTAGEPESTOPERSILJA, TIMJAN, VITLÖK, APELSINSKAL, APELSINJUICE OCH OLIVOLJA LÄGGS UNDER SKINNET PÅ VARJE FÅGEL INNAN MARINERING.

- 4 20-24 oz Cornish vilthöns
- 3 koppar råa pistagenötter
- 2 msk hackad färsk italiensk (plattbladig) persilja
- 1 matsked hackad timjan
- 1 stor vitlöksklyfta, finhackad
- 2 tsk hackat apelsinskal
- 2 matskedar färsk apelsinjuice
- ¾ kopp olivolja
- 2 stora lökar, tunt skivade
- ½ kopp färsk apelsinjuice
- 2 matskedar färsk citronsaft
- ¼ tesked nymalen svartpeppar
- ¼ tesked torr senap
- 2 5 oz förpackningar ruccola
- 1 stor fänkål, tunt rakad
- 2 matskedar hackade fänkålsblad
- 4 aprikoser urkärnade och tunt skivade

1. Skölj de inre håligheterna hos corniska vilthöns. Knyt ihop benen med köksgarn av 100 % bomull. Dra vingarna under kropparna; Lägg åtsidan.

2. Kombinera pistagenötter, persilja, timjan, vitlök, apelsinskal och apelsinjuice i en matberedare eller mixer. Bearbeta tills en tjock pasta bildas. Med processorn igång, tillsätt ¼ kopp olivolja i en långsam, jämn ström.

3. Öppna kycklingbröstskinnet med fingrarna för att skapa en ficka. Fördela en fjärdedel av pistageblandningen jämnt under huden. Upprepa med den återstående kyckling- och pistageblandningen. Fördela den skivade löken på botten av stekpannan; lägg kycklingarna med bröstsidan uppåt ovanpå löken. Täck över och kyl i 2-12 timmar.

4. Värm ugnen till 425°F. Stek kycklingarna i 30 till 35 minuter eller tills en termometer som är avläst på insidan av låret visar 175°F.

5. Blanda under tiden i en liten skål apelsinjuice, citronsaft, peppar och senap till såsen. Blanda väl. Tillsätt långsamt den återstående ½ dl olivolja i en jämn stråle, under konstant vispning.

6. Till salladen, blanda ruccola, fänkål, fänkålsblad och aprikoser i en stor skål. Ringla lätt med dressing; kastar bra. Reservera ett extra band för annat ändamål.

7. Ta ut kycklingarna från ugnen; tälta löst med folie och låt stå i 10 minuter. För att servera, dela salladen jämnt mellan åtta serveringsfat. Skär kycklingarna i halvor på längden; lägg kycklinghalvorna ovanpå salladerna. Servera omedelbart.

www.ingramcontent.com/pod-product-compliance
Lightning Source LLC
Chambersburg PA
CBHW050350120526
44590CB00015B/1641